니체의 차라투스트라는 이렇게 말했다

EBS 오늘 읽는 클래식

니체의 차라투스트라는 이렇게 말했다

삶을 사랑할 수 있는가

한국철학사상연구회 기획 | 한상원 지음

EBS BOOKS

서문

우리의 삶은 왜 이렇게 허무할까? 지금의 나는 왜 이렇게 초라해 보일까? 나는 어째서 자신의 삶을 긍정하지 못하고 이토록 비겁하게 운명에 굴종하는가? 이런 물음이 문득 내면에서 제기된다면, 당신은 프리드리히 니체를 읽어야 한다.

왜냐하면 니체는 '디오니소스적 긍정'을 설파한 철학자이기 때문이다. 그리고 우리의 삶과 지금의 내 모습을 있는 그대로 받아들이고 그것을 긍정할 것을 주문하는 철학자이기 때문이다. 이것을 보여주는 문구는 그가 사용한 아모르 파티(amor fati)다. '운명에 대한 사랑'을 뜻하는 이 라틴어 문구는 흔히 로마 시대나 스토아 철학에서 처음 사용된 말로 알려지기도 했지만, 실제로는 니체가 1882년 집필한 『즐거운 학문』에서 최초로 사용한 것이다. 이 책의 제목에서 드러나듯, 그는 삶의 즐거움과 기쁨을 학문적으로 표현하는 것이 철학의 새로운 과제라고 보았다. 이 책에서 그는 이렇게 서술하고 있다.

> 나는 사물들의 필연적인 것을 아름다운 것으로 보는 법을 더
> 배우고자 한다.──그렇게 하여 사물들을 아름답게 만드는 사
> 람 중 하나가 될 것이다. 운명을 사랑하라(Amor fati). 이것은
> 이제부터 나의 사랑이 될 것이다. 나는 추한 것과 전쟁을 벌
> 이려는 게 아니다. 나는 비난하지 않을 것이다. 나를 비난하는
> 사람조차 비난하지 않을 것이다. 나의 유일한 부정은 시선을
> 회피하는 것이다! 세상 그 무엇 중에서도 나는 언젠가 긍정을
> 말하는 자가 될 것이다![1]

지금 자신의 모습을 긍정하라는 것은, 현재의 시점에 머물
러 더 이상의 자기발전이나 혁신을 이루지 말고 그저 순응하
고 안주하라는 뜻이 아니다. 니체가 말하는 현존의 긍정이란,
더 나은 존재를 향해 끝없이 자신을 창조해가는 과정으로서의
지금 내 모습을 사랑하라는 의미다.

이와 더불어 니체는 이른바 '반철학으로서의 철학'을 전개
한다. 니체의 '반철학'이 무엇을 의미하는지는 모호하며, 학자

---

1 Friedrich Nietzsche, *Die fröhliche Wissenschaft*, Kritische Studienausgabe Bd.3, De
Gruyter: Berlin/New York, 1999, p. 521.

들에게서도 여러 해석이 갈리고 있다. 마르틴 하이데거(Martin Heidegger, 1889~1976)는 니체에게서 서구 존재론 전통의 전복과 함께 연속을 발견하고, 반면에 알랭 바디우(Alain Badiou, 1937~)는 그런 하이데거의 관점을 비판하면서 니체를 '반철학자로서 군주'로 묘사한다. 어쨌거나 '반철학으로서의 철학', 곧 철학에 반대하는 철학을 내세우는 니체는 그런 의미에서 철학자이지만, 동시에 기존의 철학적 사유 전통 전반에 반대한다는 의미에서는 반철학자이기도 한 양면성을 가지고 있다. 이 책에서 필자가 조명하고 싶은 것은 '낡은 서판을 부숴버려라' 하고 외치는 그의 반철학의 정신이 오늘날 우리에게 어떤 영감을 줄 수 있는가이다.

니체의 『차라투스트라는 이렇게 말했다』는 철학서이면서, 동시에 반철학의 요소들을 전개한다. 니체의 서술에서 핵심이 되는 인물은 (그리스도에 대립하는) 예언자 차라투스트라다. 그러나 차라투스트라의 행보에 대한 니체의 서술은 동시에 그리스도의 복음을 서술한 복음사가들을 닮아 있다. 묘하게 니체는 '안티크리스트'를 내세우면서도, 기독교인도 공감할 수밖에 없는 어떠한 전승을 제시한다. 따라서 이 서사는 그 자체로 하나의 전복적 신학인 것이다. 그럼에도 이 책에 서술된 모든 내용이 전적으로 니체의 창작물이라는 점에서는, 이 책은 하나의 문학 작품이기도 하다. 그런 의미에서 이 책은 새로운 양식의 철학적 저작이다. 마치 '오페라'라는 양식 안에 음악, 연극, 미술 등이 혼합된 것처럼, 이 책 자체가 하나의 철학적 종합 예술인 것이다.

이 책을 쓰면서 필자는 니체가 택한 철학적 전복의 길을 우리 시대에 필요한 새로운 상상력의 힘으로 전환하면 좋겠다는 생각을 해본다. 이것은 우리 모두가 '니체주의자'가 되어야 한다는 사실을 말하는 것은 아니다. 사실 우리는 니체를 비판해야 하고 비판할 수 있다. 그러나 철학이 이 시대와의 대결이라면, 우리는 니체 철학을 통해서 '현존의 부정'을 낳는 현시대의 야만을 고발하고, 어떻게 자신을 초극한 자로서 '위버멘쉬'를 향한 삶을 살아갈 수 있을지 고민해볼 필요가 있을 것이다. 낙타는 사자가 되어야 하고, 사자는 자신의 힘을 극복함으로써 아이의 순수 긍정을 얻는다. 그런데 우리는 미처 사자가 되어보기도 전에 낙타의 삶을 살아가다가 같은 낙타끼리 서로 혐오하면서 이 사막에서 고립되어 죽어가는 것은 아닐까?

특히 원한 감정이나 복수심이 어째서 우리 자신의 삶을 긍정하는 데 해악적인가에 관한 니체의 서술은 오늘날에도 커다란 반향을 미친다. 오늘날 파편화된 세계에서 타인과의 관계 맺기를 포기하고 살아가는 사람들이 늘어나고 있고, 이 외로운 삶 속에서 각 개인은 건강한 자존감을 갖지 못하고 살면서 끊임없이 타인의 삶을 비난하고 공격적 충동을 배설하고는 한다. 특히 사회적 약자들에 대한 혐오 감정을 배출하는 것은 심각한 사회적 문제로 대두되고 있다. 이러한 사회적 현상에 대해 분석하는 것은 사회 구조적 원인을 제시해야 하기 때문에 니체 철학의 범위를 훨씬 초과하는 수준의 연구가 필요하다. 그러나 우리가 니체를 통해 말할 수 있는 것은, 그러한 사회적 상황이 자신의 삶을 긍정하지 못하고, 니체가 말하는 자기에 대한 자긍심을 갖지 못한 개인이 자신을 비참하고 열등한 존재로 인식하면서 그러한 비참함의 원인을 타인에게 전가하는 방식으로 이뤄지고 있다는 것이다. 이것은 니체가 말하듯 현존을 부정하고 가책에 시달려야 하는 현대인들의 삶이 귀결되는 필연적 양상이 아닐까 싶다. 나아가 『차라투스트라는 이렇게 말했다』를 통해 강조하는 자기 긍정과 그것을 통한 자기 초월의 가능성이 봉쇄된 상황에서, 우리는 어떻게 그러한 삶을 탈출할 수 있을까를 고민해야 할 것이다.

결국 니체를 통해 이 시대의 삶을 반추해보는 것, 그것이 이 책을 통해 필자가 말하고자 하는 강조점이다. 우리는 철학을 고정된 텍스트로서만 연구하고 분석해서는 안 된다. 철학을 숭배해서는 안 되고, 철학을 통해, 텍스트를 통해 '지금, 여기'

나의 삶과 사회적 상황을 돌아봐야 한다. 철학은 그럴 때라야 비로소 살아 있는 사유의 힘을 얻을 것이다. 이것은 니체에 대해서만 적용되는 설명이 아니라, 철학 전체에 해당하는 필자의 강조점이기도 하다. 철학을 살아 있는 것으로 만들자. 철학을 통해 나의, 우리의 삶을 돌아보자.

2023년 겨울
한상원

차례

3장 철학의 이정표

일러두기

이 책에 실린 『차라투스트라는 이렇게 말했다』의 인용문은 Friedrich Nietzsche, *Also sprach Zarathustra*, Kritische Studienausgabe Bd.4, De Gruyter: Berlin/New York, 1999에서 저자가 직접 번역한 것이다.

1장

근대의 차라투스트라, 니체

니체의 생애

　독일 철학자 프리드리히 니체는 지금은 작센 안할트주의 도시 뤼첸(Lützen)에 속해 있는 뢰켄(Röcken)이라는 작은 시골 마을에서 목사 집안의 맏아들로 1844년 10월 15일 태어났다. 10대 시절 니체는 종교, 라틴어, 그리스어를 배우고, 학교에서 철저한 인문계 중등교육을 받았다. 어린 니체는 고전어에 대한 재능뿐 아니라, 음악과 문학에서의 뛰어난 감각으로 인정받기 시작했다. 1864년에는 본 대학에 입학하여 개신교 신학, 고전 문헌학, 예술사를 본격적으로 공부했다. 이 시기 그는 이른바

청년 헤겔학파

철학자 헤겔이 죽은 후, 헤겔 철학으로부터 영향받은 일련의 젊은 지식인들이 종
교를 비판하고 프로이센 국가의 세속적인 개혁을 요구하는 급진적인 운동을 벌
였다. 이들을 청년 헤겔학파(Junghegelianer)라고 부른다. 보통 헤겔 철학의 요소들
중 이처럼 개혁적인 성향을 수용하는 학자들을 '헤겔 좌파'로 칭하고, 거꾸로 헤
겔 철학으로부터 보수적인 국가주의 요소들을 전개하는 학자들을 '헤겔 우파'
로 칭한다. 청년 헤겔주의자들은 대개 헤겔 좌파에 속하며, 이 중에 니체가 영향
을 받은 종교 비판 저작들은 다비트 프리드리히 슈트라우스(David Friedrich Strauß)
의 『예수의 생애』, 루트비히 포이어바흐(Ludwig Feuerbach)의 『기독교의 본질』, 그
리고 부르노 바우어의 복음서 비판 시리즈가 있다. 참고로 카를 마르크스 역시 젊
은 시절 청년 헤겔주의 서클의 일원이었으며, 특히 부르노 바우어와 사적으로 밀
접하게 교류한 바 있다.

'청년 헤겔학파'의 종교 비판 문헌들을 접하면서, 그 영향 속에 신학 연구에 대한 회의를 경험하고 한 학기 후에는 신학 공부를 포기했다. 그는 결국 문헌학 연구에 집중하면서, 그에게 영향을 준 문헌학자 프리드리히 리츨(Friedrich Ritschl, 1806~1876)을 따라 라이프치히 대학으로 교적을 변경했다. 니체는 라이프치히 대학에서 리츨의 지도하에 문헌학을 연구하면서 동시에 쇼펜하우어 철학을 접하게 되었다.

아르투어 쇼펜하우어(Arthur Schopenhauer, 1788~1860)의 『의지와 표상으로서의 세계(Die Welt als Wille und Vorstellung)』는 물자체와 현상계에 대한 칸트의 구분을 의지와 표상의 관계로 재해

Artur Schopenhauer.

니체에게 철학적 영향을 주었던 아르투어 쇼펜하우어의 초상.

석하면서, 이성과 계몽이 아니라 직관과 체험을 통해 삶을 파
악해야 한다는 관점을 제시한다. 이 과정에서 쇼펜하우어는 인
간의 삶은 고통의 몸부림에 다름 아니라는 염세주의를 전개
했다. 쇼펜하우어를 통해 철학적 사유에 관심을 갖게 된 니체
는 그의 염세주의 철학에 매료되었다. 니체에게 또 다른 영향
을 미친 인물은 음악가 리하르트 바그너(Wilhelm Richard Wagner,
1813~1883)다. 1868년 11월 8일 니체는 직접 바그너를 만나기

니체에게 예술적 영향을 미친 리하르트 바그너의 초상.

도 했으며, 이후 두 사람 사이에 깊은 교류가 이뤄지기도 했다. 철학자 쇼펜하우어와 음악가 바그너는 이 시기 니체의 사유를 깊이 지배했다.

1869년 4월, 니체는 20대 중반의 젊은 나이이자 아직 박사 학위도 집필하기 이전에 이미 바젤 대학의 고전문헌학 비전임 교수로 부임했다. 이후 라이프치히 대학으로부터 박사학위를 받은 니체는 본격적인 철학적 작업에 착수하고, 그 과정에서 1870년에는 정교수가 되었다. 그는 그해 일어난 이른바 보불전쟁(프로이센-프랑스 사이의 전쟁)에 잠깐 의무병으로 참전하기도 했다.

그를 대표하는 첫 철학 저작인 『비극의 탄생(*Die Geburt der Tragödie aus dem Geiste der Musik*)』은 1872년 출간되었다. 이 책은 고전문헌학에서 출발해 바그너의 음악과 쇼펜하우어의 철학에서 영향을 받은 그의 고유한 관점이 최초로 정립된 저작으로 평가받았다. 문헌학적으로 고전기 그리스의 비극을 연구하면서도 동시에 철학적으로 이것이 어떻게 '디오니소스적인 것'과 '아폴론적인 것'의 상호 결합 속에 한 시대의 인식으로 탄생했는지를 밝히는 가운데, 니체는 현대 독일에서는 바그너를 비롯한 음악의 정신이 고전기 그리스의 비극의 정신을 계승하고 있다고 주장했다.

그러나 니체와 바그너 사이에는 서서히 갈등이 생겨나고 있었다. 특히 니체는 바그너의 게르만 정신 예찬과 국가주의로부터 서서히 거리를 두면서, 오히려 보다 심층적인 인간의 내면을 이해하려는 철학적 시도들로 나아갔다. 이러한 그의 고뇌는 1874년 『바이로이트의 리하르트 바그너(*Richard Wahner in Bayreuth*)』, 1876년 『인간적인 너무나 인간적인(*Menschliches,*

디오니소스

고대 그리스 신화의 디오니소스(Dionysos)는 포도와 포도주를 나타내는 신이며 풍
요와 도취의 신이다. 디오니소스라는 이름은 어머니가 둘인 자라는 뜻에서 유래
했다고 전해진다. 헤라의 계략으로 어머니 세멜레는 번개에 타 죽지만 태아 디오
니소스는 제우스의 허벅지에서 자라나 아이로 탄생한다. 그는 요정 님프의 인도
로 이집트, 시리아 등 전 세계를 돌아다니며 포도를 보급했는데, 포도는 포도주의
재료이기도 하므로, 인류에게 술의 제조 방법을 가르친 것 역시 디오니소스다. 어
떤 버전의 신화에서는 디오니소스가 보급한 포도주를 마신 인간들의 광란의 축
제에서 인간들이 그의 살점을 뜯어먹어 죽었다가 다시 부활했다고도 한다. 이처
럼 디오니소스는 축제의 신이기도 하며, 아테네에서는 그의 이름을 딴 축제를 벌
였고, 해마다 비극 경연대회에서 1등을 한 최고의 비극 작품들은 디오니소스 극
장에서 축제의 마지막날 상연되기도 했다.

Allzumenschliches)』에서 드러난다.

아직 젊었던 니체이지만, 그의 육체는 점점 병들어갔다. 두
통, 위장 장애, 망막 이상 등 전신이 질병으로 고통받았던 그는
요양 속에 은둔적인 삶을 살아야 했다. 니체는 1879년 5월 건
강상의 이유로 최종적으로 교수직을 그만두었다. 드디어 그는
'자유로운 철학자'의 몸이 된 것이다. 그는 여름에는 실스 마리
아(Sils-Maria)에서 지내고, 겨울에는 따뜻한 이탈리아에서 지내
며 요양을 했다. 그러면서도 철학적 저술을 이어갔던 니체는
1881년 7월에 『아침놀(*Morgenröte*)』을, 1882년 8월에 『즐거운 학
문(*Die fröhliche Wissenschaft*)』을 출판했다. 1882년 4월 그는 로마에

아폴론

고대 그리스 신화의 아폴론(Apollon)은 태양의 운행을 관장하며, 음악과 시뿐 아니라 예언, 의술, 궁술을 관장함으로써 지혜와 예술을 모두 다루는 중요한 신으로 그려진다. 그리스 비극이나 철학 저술에도 자주 등장하는 델포이의 신전은 바로 아폴론의 지시에 따라 지어졌다고 한다. 궁술의 신이기도 하지만 에로스와의 궁술 대결에서 에로스의 계략으로 인해 가슴에 황금 화살이 박히고, 이로 인해 다프네에 대한 강렬한 사랑을 갖게 된다. 그러나 다프네는 에로스의 납 화살을 가슴에 맞아 아폴론에 대해 냉담한 마음만을 가질 뿐이다. 아폴론의 구애를 거절하기 위해 다프네는 월계수로 변해버리고, 슬픔에 빠진 아폴론은 다프네를 추모하기 위해 월계수로 만든 관을 쓰고 다닌다.

서 당시 독일어권 지성계 사이에서 사교 활동으로 명성을 얻은 루 살로메를 소개받고, 5월에는 누이동생과 살로메와 함께 타우텐부르크에서 생활을 시작했다. 그는 살로메에게 사랑을 고백했지만 그녀는 거절했고, 그는 이로 인해 상처를 받았다. 그러면서 그는 여동생 엘리자베트와 어머니와의 관계가 악화되어 그로부터 또한 고통받았다.

이 와중에도 니체는 초인적 힘을 발휘해 1883년 여름『차라투스트라는 이렇게 말했다』의 1, 2, 3부를 집필했고, 1884년 1월에는 마지막 4부를 완성했다. 그는 자신이 최후의 저작을 완성했다 생각했고, 이를 통해 그의 철학적 과제가 완수되었다고 보았다. 힘을 얻은 니체는 이어 1885년『힘에의 의지(*Der*

니체와 정신적으로 교감하며 창조적 영감을 주었던 루 살로메의 초상.

Wille zur Macht)』라는 저작을 구상한다. 1886년 출간된『선악의 저편(*Jenseits von Gut und Böse*)』과 1887년 11월 출간된『도덕의 계보(*Zur Genealogie der Moral*)』는 서구 도덕철학 전통에 대한 그의 논박을 담고 있는 예리하고 공격적인 저작이다.

이러한 열정적인 생산적 시기가 지나고, 1887년 그의 건강이 다시 악화되기 시작했다. 엎친 데 덮친 격으로 루 살로메의

루 살로메

루 안드레아스 살로메(Lou Andreas-Salomé)는 작가이자 뛰어난 학자이면서, 동시에 당대 최고의 지식인인 프리드리히 니체, 라이너 마리아 릴케, 지그문트 프로이트 등과 교류하면서 이들에게 영감을 준 매혹적인 여인이었다. 루 살로메가 이들 지식인들과 사랑과 교류 속에 제공해준 정신적 영감은 이들의 창조적 열정의 원천이 되기도 했으며, 이런 의미에서 루 살로메는 현대판 뮤즈(Muse, 음악과 영감의 신)로 불리기도 한다. 그러나 무시해서는 안 되는 사실은, 루 살로메 역시 그 스스로 뛰어난 작가이자 지식인이었다는 점이다. 자신의 저작인 『살로메, 니체를 말하다』라는 책이 번역되어 있다.

결혼 소식은 그의 정신 상태를 더욱 악화시켰다. 이 와중에 그는 『힘에의 의지』의 구상을 밀어붙이지 못하고 저술을 포기해버렸다. 니체는 서문까지 작성했지만, 그의 생전에는 출간되지 못했다. 이 책은 이후 그의 여동생 엘리자베트의 편집으로 니체의 사후에 출간되었으며, 여전히 이 책이 그의 사유에 대해 맺고 있는 관계는 논쟁적이다. 특히 여동생 엘리자베트가 니체의 명성을 이용해 개인의 이익을 취했다는 사실, 그리고 그녀가 반유대주의자였고 말년에는 히틀러 추종자가 됐는데, 니체의 사상을 자신의 극우 정치관과 결합시키기 위해 이 책의 발간을 이용했다는 사실이 이러한 논쟁의 원인을 제공한다.

어쨌거나 니체의 건강 상태는 급속도로 악화되어, 1889년 1월 토리노의 카를로 알베르토 광장에서 마부에게 채찍을 맞는 말을 보고 눈물을 흘리며 말을 감싸 안다가 발작을 일으켰다. 그 이후 그는 격렬한 정신질환에 시달렸다. 몇 년간의 투병 끝에 그는 1900년 8월 25일 사망했다. 그의 장례식은 역설적으로 기독교식으로 치러졌으며, 무덤은 그의 고향 뢰켄에 마련되었다.

니체는 어떤 사상가였는가?

니체가 생애 내내 다루었던 것은 고대 그리스에서 현대에 이르기까지 서구 정신이 천착해온 과정을 전복하고 해체하는 일이었다. 이것은 그리스의 예술 정신을 파헤친『비극의 탄생』에서 그의 철학적 주저인『차라투스트라는 이렇게 말했다』와 말년의 저작들을 관통하는 일관된 문제의식이었다. 특히 이 과정에서 니체는 서양 철학의 정수라고 불리는 형이상학을 극복하는 작업에 착수한다. 서구 형이상학은 전통적으로 경험적 존재자의 배후에 존재하는 불변하는 실체의 존재에 대해 질문

니체가 극복하려 했던 형이상학과 신학을 대표하는 플라톤(왼쪽)과 아우구스티누스(오른쪽).

을 제기했다. 플라톤의 이데아, 중세 스콜라 철학의 신 개념에서 보듯, 이러한 실체의 형이상학은 현존, 곧 지금 우리가 마주하는 나의 삶을 불완전한 것, 유한한 것, 상대적인 것으로 가치평가하고, 이에 비해 완전한 것, 무한한 것, 절대적인 것을 신이나 실체에 귀속시켰다. 이런 의미에서 고대 그리스에서 출발한 형이상학은 매우 쉽게 기독교의 신 개념과 접목될 수 있었다. 그리고 형이상학과 신학은 모두 이처럼 현존을 부정하는 관점이라는 점에서 우리 자신의 현재 삶을 있는 그대로 바라

형이상학

형이상학(metaphysics)이란 존재자의 본질을 묻는 학문을 말한다. 전통적으로 형이상학은 철학 중에서도 '제1철학(prima philosophia)'으로 불려왔다. 이 말의 어원은 아리스토텔레스로 거슬러 올라간다. 즉 이 단어는 아리스토텔레스 사후 그의 저서들을 연구하던 주석가들이 아리스토텔레스의 전집을 발간하는 과정에서, 그가 단순히 '제1철학'이라고 명명한 책에 『자연학(physika)』 다음(meta) 책이라는 의미에서 '자연학 다음의 책(ta meta ta physica)'이라는 명칭을 붙인 데에서 유래했다. 이후 '자연학 다음'이라는 뜻의 'metaphysika'라는 단어가 굳어지고, 또 meta라는 단어가 '넘어서'를 뜻하는 접두어이기도 하기 때문에, 'metaphysika'는 이후 '자연 현상을 넘어서는 실체에 관한 학문'이라는 의미로 고정되었다. 그리고 'metaphysika'(영어로 methphysics)를 이후 동양 한자 문화권에서 형이상학(形而上學)으로 부르게 되었다.

보지 못하게 만든다.

이처럼 니체는 기독교의 전승 이래 내려오는 선과 악, 본질과 현상, 실체와 속성이라는 이분법적인 체계에 반대하면서, 지금 여기 우리의 삶을 긍정하는 철학을 제시한다. 『차라투스트라는 이렇게 말했다』에서는 이러한 니체의 철학적 관점을 분명하게 하기 위해, 서구 기독교 전통이 라이벌로 생각해서 투쟁해왔던 또 다른 사조인 조로아스터교의 창시자 차라투스트라—조로아스터(Zoroaster)는 차라투스트라(Zarathustra)의 영어식 표기법이다—를 화자로 빌려온다. 차라투스트라는 그리스도를 대신해 자신의 복음을 전파하고 군중들에게 삶의 새로운

조로아스터교

조로아스터교는 다른 말로 마즈다교 혹은 배화교로 불리며, 페르시아의 고대 예언자 차라투스트라(조로아스터)의 사상을 따르는 종교를 말한다. 탄생 시기는 정확하게 추정하기 어렵지만, 기원전 1800년 전부터 600년 사이로 추정되고 있다. 경전은 아베스타(Avesta)라고 불리는 문헌이다. 주요 사상으로는 선악의 이원론적 세계관이 있으며, 아후라 마즈다라는 신이 다스리는 세계는 근본적으로 선하지만, 이 세계를 무너뜨리려는 악의 파괴 공작으로부터 선을 지키는 노력이 필요하다고 보고 있다. 이러한 사상은 이후 마니교의 성립에 영향을 주며, 마니교의 선악 이원론은 기독교 초기 교부철학의 창시자들, 특히 아우구스티누스가 악의 개념을 철학적으로 설명하는 가운데 대결하는 상대가 되기도 한다.

가치를 천명하는 새로운 예언자이며, 이런 의미에서는 '안티크리스트'라고 불릴 수 있는 인물이다. 그러나 동시에 군중들에게 복음을 설파하는 차라투스트라에 대한 니체의 서술 방식과 차라투스트라가 겪는 고뇌 등은 많은 부분 기독교의 복음서 형식을 띠고 있기도 하다. 이런 의미에서 이 책은 성경 복음서가 다루는 그리스도의 사상에 대한 패러디라고도 할 수 있다.

이처럼 니체의 철학은 그리스도교에 대적했던 동방의 예언가 차라투스트라를 모델로 차용하여, 형이상학과 기독교 신학이 부정했던 우리의 현존을 긍정하고, 기존에 부정된 새로운 가치들의 의미를 제시하고 있다. 이런 점에서 우리는 니체를 '근대의 차라투스트라'라고 명명해볼 수 있을 것이다.

프리드리히 니체의 초상과 그의 저서 『차라투스트라는 이렇게 말했다』 1888년판 표지.

　　그런데 기독교 신앙을 갖고 있는 이들은 이러한 설명이 불편할 수도 있을 것이다. 왜냐하면 '조로아스터교' 같은 이른바 '이단' 사상과 '안티크리스트'와 같은 표현들이 불러일으키는 신성 모독의 감정들이 내면에서 양가적인 갈등을 일으킬 수 있기 때문이다. 그러나 니체의 사상이 우리에게 주는 의미를 곱씹어보는 과정이 반드시 기존에 자신이 믿는 종교에 대한 부정적 평가로 이어질 필요는 없다. 철학은 그러한 '모 아니면 도'의 자세를 의미하는 것이 아니다. 구체적으로 철학함이란, 특정 사상가의 철학 내용을 내 삶의 구체적 현실 속에 적용해봄으로써 나의 삶을 반추해볼 수 있는 계기를 말한다. 이런 의미에서는 '기독교냐 아니냐'라는 양자택일의 물음이 아니라, '나의 삶에 이것이 무엇을 의미하는가'라는 방향의 질문을 제기하는 것이 우리가 니체를 수용하는 더 바람직한 길이라는 결론이 도출될 수 있다.

우리의 니체

앞서 서문에서 언급했듯이, 니체는 디오니소스적 긍정의 철학자로서 우리에게 지금 자신의 현재 모습을 긍정하라고 말한다. 현존의 긍정, 운명애(amor fati) 같은 개념들은 니체의 가장 중요하고 유명한 사상이다. 그리고 우리의 삶에서도 치열한 경쟁 때문에 자꾸만 남과 자신을 비교하고, 콤플렉스로 인한 낮은 자존감 때문에 쉽게 상처받는 수많은 현대인의 모습을 보면, 니체가 설파하는 그러한 '긍정 바이러스'가 우리 삶에 널리 퍼짐으로써 우리 삶이 얼마나 더 풍요로울지 상상해보게 된다.

그런데 여기에 한 가지를 덧붙여야 한다. 나 자신의 현존을 긍정한다는 것은 결코 지금 나의 모든 모습에 대해 인정하고 용납한다는 의미가 아니다. 오히려 『차라투스트라는 이렇게 말했다』에서의 니체는 유독 인간에게 자기 자신을 경멸하라고 가르친다. 그런데 인간은 극복되어야 할 존재이고, 자신을 경멸하는 자야말로 위버멘쉬가 될 자격이 있다는 이러한 차라투스트라의 가르침은 '디오니소스적 긍정'과 현존의 긍정을 말하는 또 다른 니체의 모습과 대립하는 것일까?

그렇지 않다. 진정한 자기 긍정은 자기 자신의 현재 모습에 대한 철저한 반성에서 기인하는 것이기 때문이다. 타율적인 자기 극복은 곧 자신에 대한 혐오와 낮은 자존감으로 연결되지만, 스스로 자신의 현재 모습을 극복하기로 마음먹는 사람의 건강한 자기 경멸은 위대한 창조적 도전 정신으로 나타나기도 한다. 이러한 이유에서 진정한 자기 긍정은 자기 자신에 대한 건강한 경멸의 결과로 나타난다. 우리가 다루려고 하는 『차라투스트라는 이렇게 말했다』에서 니체는 바로 이러한 우리 자신을 향한 메시지를 전달하고 있다. 그리고 참된 자기 긍정이 자기 극복에서 비롯한다는 그의 사상은 이 '긍정'이 때로 보수적인 체념이나 순응으로 이어질 수 있다는 비판에 대한 반비판으로도 이해할 수 있다.

이제 우리는 니체의 사상으로부터 우리 자신에게 눈을 돌려볼 차례다. 우리는 오늘날 신이 경멸받는 시대에, 오히려 신을 대체하는 새로운 우상에 빠져 살아갔던 것은 아닐까? 그러한 새로운 우상이란 돈, 권력 또는 허울뿐이고 맹목적인 탐욕을 낳는 모든 것이다. 우리는 오늘날 자기 극복의 삶, 창조적인 삶이 아니라 우상에 눈이 멀어 나와 주변 사람을 모두 슬프게 만드는 삶을 살고 있는 것은 아니었을까? 타인과의 소통을 거부하고 오로지 나만의 세계에 빠져 스마트폰과 소셜 미디어, OTT의 세계로 도피해 살아가면서도, 그러한 자신의 현재 모습에 대해 '건강한 자기 경멸'을 해나가는 것이 아니라, 자신을 비참한 존재로 여겨 스스로 헤어나올 수 없는 격한 멜랑콜리 속에서 고통받으며 사는 것은 아닌가? 많은 사람은 그렇게 살아간다. 그리고 자본주의는 우리를 그러한 존재로, 니체의 용어대로라면 잘 길들여진 가축으로 만들어버린다.

그러나 강요된 낙타의 삶을 떨치고 사자가 되어보자. 나 자신을 사랑하고, 나 자신이 새로운 존재로 거듭날 수 있다고 믿고, 나에게 허위적인 삶과 헛된 욕망을 강요하는 모든 부조리한 사회 제도에 대해 분노의 함성을 지르는 포효하는 사자가

되어보자. 그런 저항하는 삶, 노예이길 거부하는 삶 속에서 비로소 어린아이의 순수 긍정을 통해 위버멘쉬를 향해 이행하고 있는 자기 자신의 구체적인 지금 이 순간의 삶을 있는 그대로 사랑해보도록 하자. 그리고 타자와 연대하면서 보편적인 변화를 추구하는 삶을 살아가자.

다음 장에서 내가 제시할 낙타-사자-어린아이의 이행 과정은 니체 자신의 의도를 넘어서는 새로운 해석이 가미된 것이다. 니체에게서는 낙타에서 사자로, 사자에서 어린아이로의 이행이 사회적 변화를 추동할 수 있는 의식의 변화라는 관점에서 사유되지 않았다. 그러나 우리는 그렇게 해야 한다고 나는 주장하고 싶다. 바디우가 말하듯 니체의 철학이 혁명적 사건의 철학이 되려면, 우리는 OECD 국가 중 가장 긴 노동시간 속에서 산업재해와 정리 해고의 불안 속에서 낙타처럼 땀흘리며 살아가는 모든 사람이 사자의 함성을 내지르고 동시에 어린아이의 긍정 속에 자기 자신을 사랑하는 그런 존재가 되어야 한다. 우리는 니체를 넘어서는 니체의 독자가 될 수 있어야 한다. 철학은 그러한 방식으로 사회를 변화시키는 힘이 될 수 있다.

결국 니체 철학의 핵심은 그와 같은 고뇌 속에서 내가 '지금보다 더 나은 존재'로 거듭날 수 있는가를 묻는 것이다. 이제 이 여정을 함께 해나가기로 하자.

2장

『차라투스트라는 이렇게 말했다』 읽기

우리의 세계에 대한 가르침

　니체의 『차라투스트라는 이렇게 말했다』는 총 네 부로 구성되어 있다. 이들 각각에는 제목이 달려 있지 않지만, 조심스럽게 제목을 달아본다면, 1부는 '우리의 세계에 대한 가르침', 2부는 '낡은 도덕과 새로운 도덕', 3부는 '새로운 서판을 위하여', 4부는 '새로운 삶을 향하여'로 정할 수 있을 것 같다.

　이제 이 책의 주요 사상을 다뤄보도록 하자.

　1부 맨 앞에 나오는 「차라투스트라의 서문」은 차라투스트라가 어떤 계기에 따라 자신의 사상을 설파하게 되었는지를 밝히고 있다. 그에 따르면, 서른 살이 되던 해 수양을 위해 산속으로 들어간 차라투스트라는 10년 뒤 아침에 떠오르는 태양을 향해 사람들에게 지혜를 주기 위해 아래로 내려가겠다(하산하겠다)고 다짐한다. 『차라투스트라는 이렇게 말했다』의 본문 구절을 함께 읽어보자. 먼저 차라투스트라는 이렇게 말한다.

> 나는 선물을 베풀고 나눠주고 싶다. 인간들 중에 현명한 자들이 다시 한번 그들의 어리석음에 기뻐하고, 가난한 자들이 다시 한번 그들의 부유함에 기뻐할 때까지.
> 이를 위해 나는 심연으로 올라가야 한다. 마치 그대가 저녁에 하는 것처럼, 바다 뒤로 가라앉아서는 지하세계에 빛을 밝혀주듯이, 그대 풍요로운 별자리여!(11쪽)[2]

이때 사용된 '심연으로 올라가다'라는 말은 사실 번역하기 어려운 표현이다. 독일어 원어는 'in die Tiefe steigen'인데, 'steigen'이라는 단어는 '위로 올라가다'라는 뜻이지만, 앞의 '심연으로'라는 단어가 말해주듯, 그리고 뒤에 나오는 저녁에 별이 바다 아래로 가라앉는다는 표현과의 관계에서 보듯, 물

---

2 Friedrich Nietzsche, *Also sprach Zarathustra*, Kritische Studienausgabe Bd.4, De Gruyter: Berlin/New York, 1999, 11쪽. 이후에는 인용문에 페이지만 표시.

스위스의 실바플라나 호수 근처에 있는 니체의 돌.
『차라투스트라는 이렇게 말했다』의 영감을 얻었다고 한다.

리적으로는 심연으로 '가라앉는다'는 의미를 갖는다. 그렇다면 니체는 왜 '상승하다, 올라가다'를 뜻하는 'steigen'이라는 단어를 썼을까? 여기서 심연으로 가라앉는 행위가 동시에 새로운 상승을 위한, 도약을 위한 계기를 제공한다는 니체의 통찰을 담고 있는 것으로 해석될 수 있다. 상승과 하강의 모티브는 계속해서 이어진다. 곧이어 차라투스트라는 그가 이제 이 산을 '내려가야' 한다고 말한다.

나는, 사람들이 그렇게 부르듯, 그대와 마찬가지로, 내려가야
(untergehen) 한다. 나는 사람들을 향해 내려갈(hinab) 것이다.

질투심 없이도 커다란 행복을 바라볼 수 있는 그대 온화한 눈
이여, 나를 축복해다오!

이 잔을 축복해다오. 황금빛 물이 잔을 흘러넘쳐 그대의 기쁨
의 빛을 도처에 실어주려 하는구나!

보라! 이 잔은 다시 비워지려 하며, 차라투스트라는 다시 인
간이 되고자 한다.

—그렇게 차라투스트라의 하산(Untergang)이 시작되었다.

(12쪽)

이때 그가 '내려간다'고 말하기 위해 사용한 독일어 단어
'untergehen'은 이중적 의미를 갖는다. 독일에서 '해가 지다'라
고 말할 때에도 이 단어가 사용되고, '산에서 내려가다'라고 할
때에도 이 단어를 사용할 수 있지만, 동시에 무엇인가가 '몰락
한다'고 말할 때에도 이 단어가 사용된다. 이 단어의 명사형은
'Untergang'인데, 명사형은 더 직접적으로 '몰락, 쇠락'을 의미
한다. 따라서 차라투스트라가 '산에서 내려가겠다'고 말하는
것은 동시에 자신의 '몰락'을 감수하겠다는 의미이기도 하며,
마지막 문장에서 '그렇게 차라투스트라의 하산이 시작되었다'

는 표현 역시 '차라투스트라의 몰락이 시작되었다'로 번역할 수도 있다.

그렇다면 왜 산에서 내려오는 것이 몰락을 뜻할까? 해가 지는 것이 해의 몰락이듯이, 차라투스트라가 산에서 내려오는 것은 대중들로부터 그가 받아야 할 멸시와 비난, 소외라는 대가를 치러야 하기 때문이다. 그러나 그는 기꺼이 자신의 운명을 감내하며 이 몰락을 받아들인다.

숲에서 내려온 차라투스트라는 어느 노인과 마주친다. 그가 차라투스트라에게 '왜 산에서 내려왔느냐'고 묻자 차라투스트라는 "나는 인간을 사랑한다"고 답한다. 그러나 노인은 자신은 인간이 아니라 신을 사랑한다면서 차라투스트라의 답변에 냉소적으로 반응한다. 노인이 지나가고 나서 차라투스트라는 그 유명한 '신은 죽었다'는 명제를 언급한다. 정확한 니체의 표현은 이렇다. "이 늙은 성자는 그의 숲속에서 아직 듣지 못하였단 말인가. 신이 죽었다는 사실을!"(14쪽)

이윽고 차라투스트라는 도시에 들어간다. 그곳의 시장에는 많은 군중이 모여, 어느 줄타기 곡예사의 공연을 보려 하고 있다. 차라투스트라는 이들에게 초인(위버멘쉬, Übermensch)에 관한 사상을 전파한다. 초인이란 자신의 현재를 극복한 인간, 더 나은 고귀한 존재로 고양된 인간이라는 뜻이다. 이때 니체가 사용하는 독일어 단어가 위버멘쉬(Übermensch)로, 이는 곧 범속한 인간보다 더 높은 곳에 위치한 인간을 뜻한다. 그에 따르면, 인간은 극복되어야 한다. 자신을 경멸할 줄 아는 자만이 자신을 극복할 수 있다. 이 "위대한 경멸"은 인간을 더욱 고귀한 존재로 만들어줄 것이다.

이렇게 그가 자신의 사상에 대한 가르침을 제시하던 찰나 줄타기 곡예사가 공연을 시작했다. 이처럼 그의 가르침이 줄타기 곡예에 앞서 이뤄졌다는 사실은 하나의 메타포를 이룬다. 왜냐하면 이때 차라투스트라는 인간을 짐승과 위버멘쉬 사이의 다리이자 밧줄로 묘사하기 때문이다. 차라투스트라는 이렇게 말한다.

> 인간은 짐승과 위버멘쉬 사이를 이어주는 밧줄, 심연에 걸쳐 있는 하나의 밧줄이다.
> 하나의 위험한 건너감, 위험한 길을-걸어-감, 위험한 되돌아봄, 위험한 전율과 멈춰 섬.
> 인간에게서 위대한 것, 그것은 그가 다리이지 목적이 아니라는 사실이다. 인간에게서 사랑받을 수 있는 것, 그것은 그가 이행이자 몰락이라는 사실이다.(16-17쪽)

어째서 그는 인간을 '밧줄'로 묘사한 것일까? 그것이 위태롭고 위험하기 때문이다. 그러나 그러한 위험천만한 곡예를 통해 인간은 비로소 새로운 존재로 거듭날 수 있게 된다. 인간이 위대한 이유는 이처럼 그가 새로운 존재로 거듭날 수 있는 다리(교량)이자 밧줄이기 때문이다. 따라서 인간은 근대 휴머니스트 철학자들이나 계몽 사상가들이 말하듯 세계의 '목적'이 아니다. 인간은 이행의 '과정'이며 가능성이다. 오히려 그렇기 때문에, 즉 고정된 불변의 목적이 아니라, 변화 가능한 과정이자 가능성이기 때문에 인간은 위대한 것이다. 이처럼 차라투스트라의 가르침은 '지금 여기' 우리의 삶이 갖는 가능성으로서의 의미에 주목하고 있다.

그런데 줄타기 곡예사가 갑자기 다른 광대의 도발 때문에 균형을 잃고 땅으로 추락하는 일이 벌어졌다. 군중들은 놀라서 도망을 쳤고, 차라투스트라가 땅에 떨어진 그를 감싸 그의 최후를 지키게 되었다. 피 흘리며 죽어가는 곡예사는 지옥에 대한 두려움을 호소하면서, 차라투스트라에게 악마를 막아달라고 부탁한다. 그러나 차라투스트라는 악마나 지옥과 같은 피안의 세계는 존재하지 않는다고 말한다. 생명을 잃은 곡예사는 소멸할 것이다. 그러나 그는 자신의 소명을 다하다가 사망했으므로 명예롭게 죽어가는 것이다. 그는 곡예사를 숲에 묻어주며

줄타기 곡예사. 다니엘 니클라우스 초도비에츠키의 1774년 판화 그림.

이처럼 피안의 세계에 대한 믿음에 사로잡혀 있으며, 서로 시기하고 증오하는 인간들에게 자신의 가르침을 전파할 것을 또한 번 다짐한다. "나는 나의 목표를 향해 갈 것이다. 나는 나의 길을 간다. 나는 주저하는 자들과 태만한 자들을 뛰어넘을 것이다. 나의 길이 그들의 몰락이 되길!"(27쪽) 이렇게 차라투스트라의 몰락이 시작되었다. 1부의 서문은 이렇게 막을 내린다.

이어지는 본문에서 차라투스트라의 가르침은 '얼룩소'라는 도시를 배경으로 이뤄진다. 특히 처음 등장하는 '세 가지 변신에 관하여'라는 글은 매우 인상적이며, 이 책 전반의 문제의식을 비유적으로 전달하고 있어 가장 널리 알려진 장면으로 언급되기도 한다. 여기서 차라투스트라는 '낙타에서 사자로, 사자에서 어린아이로'라는 이행의 비유를 통해 인간의 삶에 필요한 긍정의 요소를 제시한다.

낙타는 누구인가? 낙타는 무거운 무게의 짐을 지고 사막을 건너는 동물이다. 고된 노동을 견뎌야 하므로 그의 정신은 강인하다. 뜨거운 사막을 지나가는 낙타는 동시에 겸손한 존재다. 그는 주인의 명령에 순종하며, 자신을 경멸하는 자들에 대해서도 공격하지 않는다. 그러나 어떤 변화가 일어나 이 낙타는 사자가 된다. 사자는 용맹하고 강인한 존재다. 용과 대결하여 승리할 수 있는 강인한 체력을 갖춘 사자는 정글의 최강자로 군림한다. 사자는 낙타와는 다른 화법을 사용한다. 낙타는 '너는 해야 한다'는 주인의 말에 순종하지만, 사자는 일인칭 시점에서 '나는 하려 한다'고 말하고 뜻하는 바를 이루는 주체적이고 능동적인 존재다. 그는 자신을 경멸하는 모든 존재에게 포효하는 용기를 가지고 있다. 그렇게 해서 사자는 자유를 쟁취한다. 그러나 그것으로 만족할 수 없다. 새로운 가치를 획득하기 위해서 사자는 자신의 분노, 공격성을 스스로 제압하면서 절대적 긍정의 상태인 어린아이로 변모한다. 용맹스럽고 공격적인 사자의 분노의 에너지는 그를 적대하는 자들에게 자신의 존재를 드러낼 수 있지만, 절대적인 긍정의 에너지를 만들어내지는 못한다. 그러나 어린아이는 순수 긍정의 힘을 통해 기존의 가치와는 완전히 구별되는 새로운 긍정의 가치들을 만들어낼 수 있다.

> 아이는 순수함이자 망각이며, 새로운 시작, 유희, 스스로 굴러가는 바퀴, 최초의 운동, 신성한 긍정(Ja-sagen)이다.
>
> 그렇다. 나의 형제들이여, 창조의 유희를 위해서는 하나의 신성한 긍정이 필요하다. 정신은 자신의 의지를 원하며, 세계를 상실한 자는 자신의 세계를 쟁취한다.
>
> 나는 너희에게 정신의 세 변화를 열거했다. 어떻게 정신이 낙타가 되고, 낙타가 사자가 되며, 사자가 마지막으로 아이가 되는지를.(31쪽)

이 세 단계의 변화 과정은 마치 정-반-합의 헤겔식 변증법을 보는 것 같은 인상을 준다. 그러나 이것은 헤겔의 변증법적 이행 과정과는 다르다. 각각의 변화 과정은 모순에 의한 필연적인 이행이 아니며, 종합을 통한 확장의 방식이 아니라 기존의 것과 완전히 다른 단계를 향한 각성의 계기들을 보여준다. 또 어찌 보면 이 변화 과정들은 마르크스주의에서 말하는 계

잠자는 여인을 바라보는 사자를 환상적으로 묘사한 앙리 루소의 그림, 〈잠자는 집시〉(1897).

급투쟁의 논리를 설명하는 것 같기도 하다. 순종하던 노동계급인 낙타가 어느 순간 분노에 찬 혁명적 사자가 되고, 혁명의 승리 이후에는 어린아이의 긍정적인 삶을 살아간다는 식으로 이해할 수 있는 것이다. 그러나 혁명적 프롤레타리아트 계급이어떤 계기를 통해서 사자의 분노를 거둬들이고 어린아이의 순수 긍정으로 변신할 수 있을까? 마르크스주의에서는 이 물음이 해결되지 않은 채 남아 있다. 그렇다면 니체는 어린아이라는 메타포를 통해 우리에게 무엇을 전달하려고 한 것일까?

결국 니체가 말하는 초인 혹은 위버멘쉬란 긍정의 삶 속에서 자신의 새로운 가치들을 실현할 수 있는 인간상을 말한다. 그런 의미에서 낙타, 사자, 어린아이의 비유는 각각의 변증법적 계기들이나 혁명적 주체의 의식 단계들을 말한다기보다는, 자신을 초극한 자로서의 위버멘쉬가 되기 위한 과정들을 지칭하고 있다. 그런 의미에서 니체적인 변화와 이행이란 '나'의 변화 과정을 말하며, '나'의 새로운 '나'로의 상승을 위한 운동을 말한다. 결국 그것은 우리의 삶의 논리가 어떻게 변화될 수 있는가를 증언하고 있다.

1부의 나머지 부분들에서 차라투스트라는 여러 형태의 부정적인 인간 현존들을 가차없이 규탄하고 있다. 그들은 '피안의 세계를 믿는 자들'이기도 하고, '육체를 경멸하는 자들'이기도 하고, '죽음의 설교자들'이기도 하다. 이들은 모두 불완전한 현재의 삶을 대신하는 내세의 원리를 강조한다. 초월적 가치들을 설파하는 이들의 주장을 반박하면서 차라투스트라는 이렇게 말한다. "내가 사랑하는 덕은 현세에서의 덕(irdische Tugend)이다."(42쪽) 그것은 내세와 피안의 논리가 아니라 '지금, 여기'의 덕이다. 그러한 덕은 바로 우리 자신이 신의 도움 없이도 스스로 위버멘쉬를 향해 이행할 수 있다는 자긍심을 말한다. 그런데 이러한 가르침들 속에서 차라투스트라는 갈등과 전쟁을 예찬하기도 한다. 어떤 이유에서인가?

　니체 철학의 특징 중 하나는 인간이 결코 소통을 통한 최종적인 화해를 실현할 수 없다는 것이다. 그러한 화해를 통한 평화는 일순간 이뤄질 수도 있겠지만, 근본적으로 인간은 갈등하는 존재이며, 전쟁과 투쟁 속에서 비로소 자신의 힘을 증명하는 존재이기 때문이다. 매우 무시무시하게 들리는 이러한 주장들은 어떤 의미를 갖는 것일까? 니체는 전쟁과 폭력을 옹호하는 사상가인 것일까?

　그렇게 해석한 사람들도 있다. 실제로『차라투스트라는 이렇게 말했다』는 2차 세계대전 당시 독일 군인들에게 보급되었으며, 병사들은 군장에 이 책을 넣고 다녔다. 즉 파시스트 세력에게 니체 철학은 전쟁을 향한 그들의 충동을 정당화하는 이데올로기적 수단이었다. 그러나 전쟁에 대한 니체의 서술을 달리 이해할 필요가 있다. 니체는 전쟁이나 갈등 자체가 사라지기 어려운 인간의 근본적 조건을 성찰하고(그 원인은 인간의 근본 조건이 '힘에의 의지'에 있기 때문이다), '어떤' 형태의 전쟁이나 갈등, 투쟁이 인간의 자기 초월에 더 유리한가를 묻는 것이다. 즉 니체는 무조건적인 전쟁 찬양을 하려는 것이 아니라, 갈등의 실재성을 인정하고, 그 갈등의 방향을 올바른 방식으로 설정해야 한다고 주장한다. 그는 철저한 현실주의의 논리 위에서 자

조로아스터교의 창시자인 조로아스터의 생애를 그린 19세기 그림.

신의 논지를 전개하는 것이다. 이것은 구체적으로 어떤 의미를 갖는가?

차라투스트라의 가르침은 군중에게 이러한 메시지를 전달한다. '너희는 너희 자신의 적을 찾아라.' 모든 사람에게는 적이 있다. 가장 해맑게 웃고 선량한 마음씨로 이타적으로 살아가는 사람들, 심지어 가장 존경받는 성직자들에게도 그들과 적대하는 사람들, 갈등 중에 있는 경쟁자나 적수가 존재한다. 그렇다면 인간에게는 '적이 없는 세계'를 만들라는 추상적이고 공허한 가르침보다, '어떤 적을 만드는 것이 나와 그(적) 모두의 발전을 가져오는가?' 하는 물음을 던지는 편이 더 낫다. 그래서 '너 자신의 적을 설정하라'는 가르침이 도출되는 것이다.

이러한 차라투스트라의 가르침은 다음과 같은 문장에서 더 구체적으로 드러난다. "너희는 경멸스러운 적이 아니라 오로지 미워할 만한 적을 가질 수 있다. 너희는 너희의 적에 대해 자긍심을 가져야 한다. 그렇다면 너희의 적의 성과는 너희의 성과이기도 하다."(59쪽) 여기서 니체의 강조점이 전쟁과 폭력적 충돌 그 자체를 예찬하는 것이 아니라는 사실이 분명히 드러난다. 어떻게 적의 성과를 나의 성과로 인식할 수 있을까? 그것은 적을 존중하고 적에 대해 자긍심을 가질 때 가능하다. 그렇다면 어떻게 적에 대해 자긍심을 가질 수 있을까? 이는 그가 '미워할 만한 적'이지 결코 '경멸스러운 적'이 아니라는 사실에서 비롯한다. 경멸스러운 자는 적이 될 가치도 없는 것이다. 누군가를 '나의 적'으로 설정한다는 것은 그를 해치고 살해해야 한다는 충동을 정당화하는 것이 아니다. 그것은 그를 미워해야 할 '나의 정당성'을 인정한다는 것을 뜻한다. 따라서 적대는 인간의 자기 긍정을 위한 필연적 조건이며, 우리가 던져야 할 것은 '정당하고 위엄 있는' 적대인가 아니면 경멸에서 비롯한, 원한 감정에서 비롯한 '열등하고 저열한' 적대인가 하는 질문이다. 그렇다면 그러한 '정당하고 위엄 있는' 적대 속에서 나는 적을 이기기 위한 강인한 존재로 거듭날 수 있다. 그런데 이것은 나의 적의 관점에서도 마찬가지다. 그 역시 나를 이기기 위해 더욱 강인한 존재로 고양될 것이다. 이런 이유에서, '적의 성과는 나의 성과'가 될 수 있는 것이다. 왜냐하면 적이 이룩한 성과는 그가 나와의 적대 과정에서 이룩한 것이므로, 그것은 동시에 나의 기여이며 나의 업적이기도 할 것이기 때문이다. 결국 적대는 우리의 관계 전체에 이로울 수도 있다. 참고로 말하자면, 이러한 니체의 사상은 이후 민주주의 역시 적대의 원리를 내포한다는 사실을 강조하는 경합(agonistics)이라는 정치 사상으로 연결된다.

또 차라투스트라는 국가를 신이 죽어버린 시대의 새로운

· Concept Word ·

경합적 민주주의

오늘날 경합적 민주주의를 주장하는 대표적인 사상가는 벨기에 출신의 정치철학자 상탈 무페(Chantal Mouffe)다. 그녀는 한편으로는 작고한 그녀의 동반자 에르네스토 라클라우(Ernesto Laclau)와 함께 제시한 '급진 민주주의' 테제를 주장했으며, 다른 한편으로는 독자적으로 우익 법철학자 칼 슈미트(Carl Schmitt)의 논의를 차용하여 민주주의에서 적대를 제도화, 활성화하기 위한 주장을 전개한다. 그에 따르면, 민주주의 정치의 목표는 대화와 소통을 통해 최종적 합의에 도달하는 것이 아니라, 사회적으로 불가피하게 존재하는 갈등과 적대를 제도화하여 그것을 민주주의 정치의 급진화를 위한 에너지로 활용하는 것이다. 따라서 발전된 민주주의 사회에서 갈등과 적대는 폭력적 방식으로 표출되는 것이 아니며, 이 적대는 상대를 제거해야 할 적(enemy)이 아닌, 나와 함께 공존해야 할 적수(adversary)로 규정함으로써 다원주의와 공존해야 한다. 이렇게 자유민주주의 제도와 공존하지만 동시에 그러한 제도들의 급진화를 낳는 방식의 적대를 무페는 적대(antagnonism)와 구분하여 경합(agonistics)이라고 부른다. 적대의 불가피성을 주장하면서도 미워할 만한 적을 존중하라는 니체의 격언은 무페의 경합주의와 공명하는 지점이 있다.

우상으로 규정하면서, 국가에 대한 적대감을 숨기지 않는다. 그에 따르면, 국가란 "모든 냉혹한 괴물들 중 가장 냉혹한 존재"이며, 이러한 명제를 통해 니체는 홉스식 국가 숭배를 비판한다. 『리바이어던』에서 말하듯 홉스의 국가는 '지상에서 나보다 더 위대한 것은 없다'고 선언한다. 그러나 그러한 '냉혹한 괴물'로서의 국가는 자신의 통치를 위해 거짓말로 인민을 속이고, 인민의 것을 훔친다. 국가는 '힘에의 의지'가 아니라 '죽음을 향한 의지'의 실현이다. 전쟁을 치르던 전사들이 지쳤

'냉혹한 괴물'로서의 국가를 상징하는 리바이어던. 홉스의 책 표지에 그려진 그림.

을 때 사람들은 국가라는 새로운 우상을 숭배한다. 그러나 국가의 신민이 되느니, 전사가 되어 영예롭게 투쟁하는 것이 더 낫다는 것이 차라투스트라의 강조점이다. 그리하여 차라투스트라는 국가를 넘어선 세계의 유토피아적 전망을 다음과 같이 표현한다. "국가가 중단되는 곳, 나의 형제들이여, 그곳을 보라! 무지개가, 그리고 위버멘쉬를 향한 다리가 보이지 않는가?"(64쪽)

이처럼 인민을 국민으로 조직화해내고 복종시키는 근대 국민국가를 비판한 데 이어 니체의 화자 차라투스트라는 또 다른 근대의 결정적인 사회 제도인 시장을 공격한다. '시장의 파리들에 관하여'라는 제목이 붙은 설교 내용에서 차라투스트라는 제목처럼 시장에 모인 군중과 상인들을 파리들로 부르며 그들에게 경멸적인 비난을 가한다. 그가 주장하는 것은, 사람들이 모이는 시장에서 멀리 떨어질 때, 그리고 시장에서 사람들의 소문에 의해 만들어지는 풍문에 무관심할 때, 인간은 비로소 자신을 위대하게 만들 수 있다는 것이다. 그러나 국가와 시장이라는 근대적 체제의 사회 제도들을 우리가 거부하거나 반대할 수 있을까? 니체는 국가와 시장의 철폐를 직접적으로 주장하지는 않는다. 그러나 국가와 시장이 지배하는 현 시대에 인간이 어떻게 왜소화되는가를 고발한다. 그리하여 차라투스트라는 이렇게 말한다. "도망쳐라, 나의 벗이여, 너의 고독으로."(68쪽)

어째서 고독인가? 고독은 우리를 새로운 창조의 시간으로 안내한다. 따라서 우리는 고독을 감내해야만 한다. 고독은 그 자체로 행복이 아니다. 고독은 오히려 외로움을 낳고 우리를 괴롭게 만든다. "그러나 언젠가 외로움이 너를 지치게 만들 것이며, 언젠가 너의 자긍심이 쇠약해지고 너의 용기가 꺾일 것

카스파르 다비트 프리드리히 그림, 〈안개 바다 위의 방랑자〉(1818).

이다. 너는 언젠가 '나는 혼자다!' 하고 외치게 될 것이다."(81쪽)
그러나 진정한 고독은 생산적인 고독이다. 따라서 이 고독을
긍정할 필요가 있다. 이 고독 속에 인간은 타인의 시선과 타인
의 손가락질에 휘둘리지 않고 자신의 길을 갈 수 있기 때문이
다. "고독한 자여, 너 자신을 향한 길을 가라!"(82쪽) 고독한 자
가 뚜벅뚜벅 걸어가는 이 길은 창조하는 자의 길이며, 그는 자
신을 사랑하면서도 경멸하여 결국 자기 자신을 새로운 존재로

창조해내기 위한 과업에 착수한다. 고독이 그러한 창조의 원천이다.

이제 차라투스트라는 자신의 연설이 이뤄진 얼룩소라는 도시를 떠나려고 한다. 그런데 이제 많은 젊은이들이 차라투스트라의 제자가 되기를 간청하며 그의 곁을 지키겠다고 나선다. 그러나 차라투스트라는 그들의 청을 들어주지 않고 홀로 떠나겠다고 말한다. 그러자 제자들은 그에게 태양을 휘감는 뱀이 황금 손잡이에 새겨진 지팡이를 선물했다. 이를 보고 차라투스트라는 제자들에게 질문을 던진다. '왜 금이 최고의 가치를 갖게 되었는가?' 그것은 금이 비범하고, 쓸모없고 광채 속에서 부드럽게 빛나기 때문이다. 우리가 따라야 할 최고의 덕도 이와 마찬가지다. 최고의 덕 역시 비범하고 쓸모가 없으며, 광채 속에서 부드럽게 빛난다. 그러한 덕, 즉 즉각적인 유용함을 위해 타오르듯 빛나는 것은 최고의 덕이 될 수 없다. 부드럽고 은은하게 오랫동안 빛나는 것이 오히려 우리 삶의 가장 중요한 덕이다. 그것이 구체적으로 무엇일까?

우리는 한낮의 태양을 거쳐야만 아침에서 저녁으로 나아갈 수 있다. 이 '위대한 정오'를 기다리는 일, 그 뜨거운 한낮을 거쳐 나의 존재를 위버멘쉬를 향해 초극하는 자세로 가꿔내는 일, 그것이 차라투스트라가 우리에게 전달하는 가르침이다. 결국 우리는 몰락하는 존재이지만, 이 몰락을 통해 새로운 존재로 거듭날 수 있는 것이다. 우리는 다리를 건너, 밧줄을 건너 반대편의 위버멘쉬에 도달해야 한다. 지금 이 순간 우리의 현주소는 그러한 이행과 가능성의 순간들이다. 이처럼 차라투스트라는 1부 전반을 걸쳐 위버멘쉬를 향한 이행과 가능성의 삶으로서 현재를 긍정하라고 강조한다.

낡은 도덕과 새로운 도덕

『차라투스트라는 이렇게 말했다』 2부에서 니체는 차라투스트라의 입을 빌려, 서구 사회를 수천 년간 지배했던 기존의 도덕적, 종교적 가르침들을 신랄하게 비난한다. 그가 이렇게 예리한 칼날을 가지고 서구 전통 사상에 도전하는 이유는, 그것이 인간을 나약하고 병든 존재로 만들기 때문이다. 이 때문에 니체가 차라투스트라의 입을 빌려 제시하는 새로운 도덕은 인간을 역동적이고 창조적인 존재로 만드는 데 필요한 시각에 초점이 맞춰져 있다.

2부에서 차라투스트라는 도시를 떠나 산속으로 들어가며, 동굴 속의 고독으로 복귀한다. 그러나 한편으로 그는 도시 사람들에 대한 그리움, 그리고 그가 그들에게 가르침을 전파해야 한다는 사명감으로 괴로워한다. 어느 날 꿈에서 깬 차라투스트라는 자신의 꿈 내용을 복기한다. 꿈속에서는 거울을 손에 든 아이가 그에게 다가와 '거울 속 당신의 모습을 보세요'라고 말했는데, 거울 속 그의 얼굴은 악마의 냉소적 웃음으로 가득 차 있었다. 차라투스트라는 "나의 가르침이 위기에 빠져 있다"고

이 상황을 평가한다. 그는 고독 속에 살아야 하는 천성을 가지고 있지만, 군중에게 가르침을 설파하지 않으면 그의 사유는 죽은 것이 되어버린다. 또 그러는 사이, 차라투스트라의 적수, 즉 신의 계명에 복종하라고 가르치는 거짓 선지자들의 영향력이 사람들 사이에서 커져갈 것이다.

따라서 차라투스트라는 "나는 새로운 길을 간다"고 자신에게 말하며 다시 길을 떠난다. 그가 처음 가는 곳은 행복의 섬이라는 곳이다. 이 섬에서 그는 세계의 창조를 통한 행복을 설파한다. 그는 이렇게 말한다. "너희가 세계라고 부른 것, 그것은 우선 창조되어야 한다." 이것은 무슨 뜻일까? 세계는 이미 창조된 것이 아닌가? 실제로 기독교에서는 신의 말씀을 통해 6일에 걸쳐 천지창조가 이뤄졌다고 주장한다. 그러나 만일 그렇다면 창조라는 능동적 행위는 이미 신에 의해 이뤄졌으며, 세계는 신의 법칙에 의해 고정되어 있고, 우리는 그 주어진 세계에서 수동적으로 살아가야 한다. 인간의 창조성, 인간 자신의 능동성은 발휘될 기회가 없을 것이다. 그래서 차라투스트라는 신을 부정하면서, 인간이 스스로 세계를 창조해야 함을 주장한다. "너희의 이성, 너희의 형상, 너희의 의지, 너희의 사랑은 너희 자신이 되어야 한다!"(110쪽) 그렇게 세계를 자기 자신의 창조적 행위가 실현될 수 있는 공간으로 이해하는 사람들을 차라투스트라는 "너희 인식하는 자들"이라고 부르는 것이다. 그리고 이러한 차라투스트라의 주장은 다시금 신에 대한 부정을 향한다.

> 그러나 너희 벗들이여, 나는 너희에게 온전히 나의 마음을 드러내겠다. 만일 신들이 존재한다면, 나는 내가 신이 아니라는 사실을 어떻게 버틸 수 있겠는가! 그러므로 신들은 존재하지 않는다.
> 어쩌면 내가 결론을 내렸겠지만, 그러나 이제는 그 결론이 나를 끌고 간다.
> 신은 하나의 추측이다. 그러나 이 추측으로 인한 모든 고통을 다 마시고 죽지 않을 자는 누구인가? 창조하는 자에게서 그의 믿음을, 그리고 독수리에게서 먼 하늘을 부유하는 독수리의 능력을 빼앗아야 하는가?
> 신은 모든 반듯한 것을 구부러지게 만들고, 서 있는 모든 것을 돌아버리게 만드는 생각이다. 어떻게? 시간은 사라져버릴 것이며 모든 덧없는 것은 단지 거짓일 뿐인가?
> 이런 것을 생각하는 것은 인간의 온몸에는 혼란과 현기증일 것이며, 위에는 구토를 일으킨다. 참으로, 나는 그런 추측을 돌아버리는 병이라고 부른다.

일자와 충만함 그리고 부동의 것과 꽉 찬 것과 불변하는 것이라는 이 모든 가르침! 나는 그것을 악이라고 부르고 인간에 대해 적대적이라고 부른다.(110쪽)

신에 대한 믿음은 형이상학으로도 연결된다. 기존의 형이상학은 일자, 완전한 것, 부동자, 충만한 것, 불멸하는 것에 대한 가르침을 수천 년간 지속해왔다. 그런데 차라투스트라에게는 이러한 개념들이 '인간에 적대적인' 것들이다. 이 고정된 형이상학적 실체들이 아니라 인간 자신의 창조적인 삶이야말로 인간을 위대하게 만들 수 있다.

물론 창조하는 자가 되는 것은 고통스러운 일이다. 그것은 기존의 사고방식과 타협하면서 안락하게 지낼 수 있는 삶에서 벗어나는 것을 뜻하기 때문이다. 차라투스트라는 우리가 그러한 안락한 고독에서 벗어나야 한다고 말한다. 그렇게 하기 위해 우리는 망치를 들어야 한다! "그러나 나의 정열적인 창조의 의지, 그는 언제나 새롭게 나를 인간으로 추동한다. 그것은 망치를 돌을 향해 추동한다."(111쪽) 니체의 철학을 '망치의 철학'이라고 부르는 이유가 이처럼 그가 망치의 역할을 강조하기 때문이다. 망치는 무엇을 하는가? 망치는 물건을 파괴하는 무기다. 그것은 낡은 도덕과 종교의 껍데기를 부수는 파괴적

연민

연민 혹은 동정은 영어로 'sympathy' 또는 'compassion'이라고 하고, 독일어로는 'Mitleid'라고 한다. 세 단어는 공통적으로 고통(pathos/passion/Leid)을 함께(syn/com/mit) 나눈다는 의미다. 철학사적으로 연민을 도덕의 원천으로 제시한 인물은 근대 철학자 데이비드 흄(David Hume)이다. 흄은 인간이 가진 심리적 연상의 능력은 타인의 고통을 자신의 것으로 상상할 수 있는 능력을 포함하며, 이로부터 근대 사회가 가진 이기심의 원리를 극복할 도덕성이 가능할 것으로 보았다. 비슷한 시기 흄의 친구였던 애덤 스미스나 사회계약론자 장 자크 루소 역시 비슷한 관점에서 시장경제가 도입된 이후 나타나고 있는 경쟁과 사회 해체를 막기 위해 연민의 요소가 필요하다고 주장했다. 반면 니체는 연민의 도덕을 강하게 비판한다. 앞서 제시된 어원상으로 보면 이 단어는 고통을 함께 나누고 연대하는 자세를 뜻하는 것 같지만, 실제로는 고통받는 상대를 나보다 열등한 자로 보고 나를 그에 비해 우월한 존재로 보는 시각이 깔려 있다는 것을 알 수 있다. 니체는 이것이 위선이라고 주장한다.

인 역할을 한다. 그래서 차라투스트라는 "내 망치는 그의 감옥에 대해 잔혹하게 분노를 발산한다"고 말한다. 그러나 망치의 더 본질적인 쓰임새는 나무에 못을 박아 책상을 만들거나, 돌에 망치질을 해서 새로운 석상을 만들어내는 것이다. 달리 말해, 망치로 철학함의 의미는 기존의 것을 부순다는 의미 외에, 새로운 삶의 방식을 창조한다는 데에 있기도 하다.

이렇듯 인간의 창조성과 능동성을 강조하는 니체는 마찬가지의 이유에서 연민의 도덕에 대해 강한 적개심을 드러낸다. 고통받는 누군가에게 '동병상련'을 느끼는 것이 연민이다. 그

스코틀랜드 에든버러에 있는 근대 철학자 데이비드 흄의 동상.

런데 니체는 이러한 연민(혹은 동정심)의 태도가 위선적이라고 고발한다. 예컨대 어떤 고통스러운 자를 돕게 되면, 그것은 그의 자존심에 상처를 남길 수도 있다. 어떤 사람이 '나를 연민하지 말라'고 소리치는 장면을 우리는 영화나 드라마에서 자주 보게 된다. 왜 그들은 자신을 연민하지 말라고 항의하는가? 연민하는 자는 결코 상대를 동등한 자로 여기지 않기 때문이다. 연민은 상대를 도움이 필요한 약자로 규정한다. 그렇기 때문에 내가 누군가에게 연민을 느낀다면, 나는 그와 동등한 입장에서 투쟁하거나 거꾸로 연대하는 것이 모두 불가능하다.

　니체는 이를 장애인들과의 대화를 재구성하면서 표현한다. 어느 날 신체장애를 가진 자들이 차라투스트라에게 몰려와 말한다. 그들은 민중에게 차라투스트라의 가르침을 설득하려면 자신들을 먼저 구원하라고 말한다. 예수가 그렇게 했듯이, 눈먼 자를 눈뜨게 하고, 절름발이를 걷게 하라는 것이다. 차라투스트라는 이 제안을 거절한다. 그가 보기에 신체장애를 가진 사람들의 모습도 그 자체로 아름다운 것이다. 누군가에게 이것이 없거나 저것이 없다는 사실은 결코 시정되어야 할 어떤 것이 아니며, 장애인들은 전능한 자가 고쳐주고 구원해주어야 할 대상이 아니다. 오히려 차라투스트라는, 꼽추에게 혹을 떼어내면 그것은 그의 정신을 뽑아버리는 것과 같고, 장님에게 시력을 주면 추한 세상사를 보도록 강요하는 것이며, 절름발이를 걷게 해준다면 그를 악덕에 빠지게 만들 뿐이라고 말한다.

　이러한 니체의 주장을 어떻게 이해할 수 있을까? 연민의 도덕에 대한 니체의 비판은 유명하다. 이것은 어떻게 해석하느냐에 따라 매우 상반된 결론으로 이어질 수 있다. 먼저 니체는 연민이란 인간의 나약함에 대한 사랑이므로, 인간을 나약한 존재로 만드는 관점이라고 비판한다. 그리고 인간에게 가장 중요한 것은 힘에의 의지인데, 연민은 그러한 의지를 꺾고, 스스로 강해질 노력을 하기보다는 고통받는 약자를 사랑하게 만든다고 말한다. 그래서 연민은 인간을 병들게 한다. 이러한 해석은 니체 철학이 소위 '사회적 약자'에 대한 혐오를 정당화하는 논리를 제시하는 것처럼 보인다. 실제로 니체의 연민 비판을 힘에의 의지와 결부시켜 이렇게 이해한다면, 그것은 나치즘을 정당화하는 논리로 이어질 수도 있다. 나치즘에 따르면 사회적 약자의 나약함이 독일 국민을 병들게 하고 있으며, 따라서 독일인의 강인함을 위해서는 약자들을 추방해야 한다.

반면 니체의 연민 비판은 연민 도덕이 갖는 이중성과 위선을 고발하고 있기도 하다. 그에 따르면, 연민의 태도를 갖는 사람은 상대를 동등하게 보는 것이 아니라 열등한 존재로 고찰하며, 이 때문에 그것은 고통받는 자가 스스로 그 자신을 초월할 가능성을 인정하지 않고 그에게 외적 도움을 제공함으로써 그의 능력을 폄훼하는 태도에 불과하다. 그러한 의미에서의 연민이란 '연대(solidarity)'로 이어질 수 없는 자세일 뿐이다. 이러한 맥락에서의 연민 비판은 오늘날 많은 것들을 설명해줄 수 있다. 오늘날 우리는 자신의 이동권을 쟁취하기 위해 투쟁에 나서는 장애인들을 마주한다. 그들은 자신의 방식으로 '힘에의 의지'를 표출하고 있는 것이다. 이때 장애인에게 동전을 던져주는 방식으로 자신이 장애인들에게 도움을 줄 수 있다고 믿는 사람이 있다면, 그는 장애인들의 주체적 능동성을 무시하고 철저하게 연민의 관점에서 이들에게 시혜를 베푸는 것에 불과하다. 오히려 장애인들과 함께 시위에 참여하고, 피켓을 들고, 장애인의 권리를 요청하는 것이 연대적 행위에 더 가깝다. 그것은 시혜적 연민으로는 이뤄질 수 없는 것이다.

이런 맥락에서 우리는 니체의 연민 비판이 갖는 이중성을 이해할 수 있다. 약자의 나약함을 사랑하지 말고 강인함을 추구하라는 방식의 사고는 분명 차별을 정당화하는 논리에 근거를 제공해줄 위험을 갖는 것도 사실이다. 그러나 다른 방식으로 이해된다면, 니체의 연민 윤리 비판은 고통받는 자들과 연대하기 위해서는 시혜적인 태도를 벗어나야 하고 연대하는 대상과 자신이 동등한 자격을 갖는 존재여야 한다는 가르침으로 이어질 수도 있다. 그래서 아도르노와 호르크하이머는 『계몽의 변증법(*Dialektik der Aufklärung*)』(1947)에서 니체의 연민 비판이 이후 혁명적 세력들에 의해 수용되었다고 서술하기도 했다.

그러나 다수의 윤리학자들이나 기독교의 이웃 사랑('네 이웃을 사랑하라')는 모두 연민을 도덕적 태도로 예찬한다. 그래서 니체는 차라투스트라의 입을 빌려 이들을 규탄한다. 먼저 차라투스트라는 사제들에 관하여 자신의 비난을 집중한다. "이 사제는 딱하구나. 그들은 내 마음에 들지 않는다."(117쪽) 이들이 어째서 딱한가? 그들이 '구세주'라 부르는 자가 그들을 얽매고 있기 때문이다. 그래서 차라투스트라는 이렇게 말한다. "아, 누군가 그들을 그들의 구원자로부터 구원하였으면!"(117쪽) 그들의 잘못된 종교로 인해 사제들은 죄인이 되고, 벌을 청해야 하며, 무릎을 꿇고 계단을 올라야 한다. 그들은 자신을 부정하고 그들에게 고통을 주는 존재를 신이라고 부른다. 차라투스트라는 이렇게 고통을 주는 자를 신으로 모시고픈 생각이 없다. 그래서 그는 "내가 구세주를 믿게 하려면 그들은 나에게 더 아름다운 노래를 불러주어야 할 것이다"(118쪽) 하고 말한다. 즉 더욱더 아름다운 노래를 통해 우리에게 기쁨을 주는 존재가 신으로 불려 마땅하지, 우리에게 죄짓게 하고 벌을 주고 고통을 주는 존재는 신의 자격이 없다는 것이다. 그렇다면 누가 신의 자격을 갖는가? 애초에 신은 존재하지 않는다. 인간은 그들의 구원자를 기다릴 것이 아니라 그 스스로 위버멘쉬로 거듭나야 한다. 그렇다면 누가 위버멘쉬가 되었는가? 아직 그 누구도 진정한 의미에서 위버멘쉬가 되지 못했다. 그러나 우리는 멈추지 말고 위버멘쉬를 향해 도약하는 삶을 추구해야 한다.

　이어 차라투스트라는 자신들을 덕 있는 자라고 믿는 사람들을 비판한다. 이 사람들은 아낌없이 베풀어주는 자신들의 품성을 스스로 찬양하지만, 실은 이들은 여전히 어떤 대가를 바라고 있다. 대표적으로 이들은 자신들이 지상에서 행한 덕에 대한 대가로 천국과 영원한 생명을 희망하고 있는 것이다. 이처럼 대가 혹은 처벌의 논리로 도덕성을 규정하는 것이 니체의 전통 도덕에 대한 가장 큰 반론이다. 차라투스트라는 어머니가 아이에 대한 사랑의 대가를 바라지 않듯이, 도덕에서도 대가의 논리가 사라져야 한다고 역설한다. 이런 대가의 논리란 결국 공포에 의해 선을 수행하는 것이며, 비유하자면 "채찍 아래에서 일으키는 경련"(121쪽)인 것이다. 그것은 참된 도덕이 아니다. 또 스스로 비참해지는 것도 도덕이 아니고 이기심을 억제하고 이타적으로 행위하는 것도 참된 도덕이 아니다. 그렇다면 진정한 덕이란 무엇인가? 차라투스트라는 마치 엄마의 성품이 자라나는 아이 안에 반영되어 있듯이, 어떤 행위를 할 때, 그 행위 속에 자신의 자아가 포함되어 있는 행위가 덕 있는 행위라고 말한다. 즉 차라투스트라를 통해 니체가 강조하는 것은, 나를 희생하고 버리고 부정하면서 선을 찾는 행위가 아니라, 나의 행위 속에 나의 의지가 드러날 때 그것이 덕 있는 삶이 된다는 사실이다. 많은 사람들은 이런 차라투스트라의 가르침에 반기를 들었다. 그러나 차라투스트라는 파도의 비유를 들어 이들을 설득하려 한다. 바닷가에 앉아 놀던 아이의 장난감이 파도에 떠밀려가면 그 아이는 슬퍼서 울게 될 것이다. 그러나 이윽고 파도는 아이에게 새로운 장난감을 가져다줄 것이다. 그것은 형형색색으로 빛나는 아름다운 조개들이다. 따라서 우리는 기존의 것이 파도 속에 사라진다고 해서 슬퍼할 필요가 없다. 기존의 것이 사라져야 더 좋은 것이 다음에 도래할 수 있게 된다.

도덕에 대한 니체의 비판은 평등에 대한 비판으로 이어진다. 그리고 이 부분은 연민 비판과 마찬가지로, 니체 사상에 관한 격한 논란을 야기하기도 한다. 니체의 시대는 평등이라는 이념이 프랑스 혁명이 제시한 '자유, 평등, 박애'라는 구호, 그리고 프랑스 인권 선언의 영향 아래 점차 전 유럽에 확산되고 있던 시대였고, 민주주의, 사회주의, 아나키즘 등 경쟁하는 평등주의적 정치 사상들이 확산되어 전 유럽이 치열한 혁명을 경험하던 시대였다. 그런데 이러한 시대적 배경 속에서 니체가 평등을 근본적으로 거부하는 것은 매우 도발적인 일이었고, 니체의 사상은 많은 이들에게 불평등을 옹호하는 엘리트주의라는 반론을 받아야 했다. 그러나 연민 비판과 마찬가지로, 니체의 평등 비판 역시 양가성을 가지고 있으며, 여기에는 우리가 귀 기울여야 할 부분이 분명히 존재한다.

차라투스트라는 평등을 설교하는 자들을 거대 독거미 타란툴라에 비유한다. 이 타란툴라의 등에는 삼각형 무늬가 그려져 있다. 이것은 무슨 뜻일까? 타란툴라 등에 그려진 삼각형의 검은 무늬를 일종의 비유로 읽는다면, 그것은 (니체가 반대하는) 기독교의 '삼위일체'를 뜻하는 것일 수도 있고, 또는 지금 맥락에서 니체가 비판하고 있는 프랑스 혁명 당시의 '자유, 평등, 박애'라는 세 가지 구호를 나타내는 것일 수도 있다.

어쨌거나 타란툴라와 마찬가지로, 평등주의자들은 복수에 굶주린 자들이다. 이들은 강한 자들을 시기하고 질투하며, 끌어내리고 싶어 안달이 나 있다. 그리고 그러한 무의미한 복수에 인간들은 '정의'라는 그럴싸한 칭호를 부여하는 것이다. 이러한 '복수로서의 평등'이라는 관념은 인간에게 강한 열망을 주입하며, 그에 사로잡힌 인간들은 광기에 휩싸여 복수를 저지른다. 국왕과 왕비를 처형한 프랑스 혁명 당시의 성난 군중들의 모습은 니체에게는 "무기력함에 의한 폭군적 광기"(129쪽)를 의미하는 것이었다. 그들은 광기에 빠진 폭군처럼 맹렬하게 폭력을 행사하며 국왕과 귀족들에게 복수를 가했다. 왜 그들은 그들 자신을 바꾸지 못하고 강한 자들을 끌어내렸는가? 평등이라는 잘못된 정의 관념 때문이다. 그들의 훼손된 자존감, 억눌린 시기심, 질투심 등이 평등이라는 이념을 만나 폭발할 때 나타나는 폭력적 충동이 바로 프랑스 혁명의 진실이었으며, 이는 프랑스 혁명이 어디로 귀결되었는가를 보면 증명된다. 즉 프랑

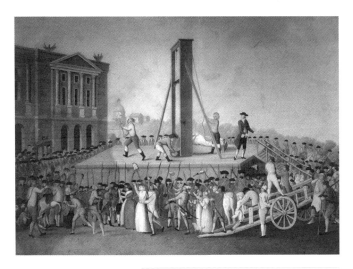

스 혁명은 국왕을 제거한 뒤 새로운 정부의 공포정치로 귀결
되었으며, 공포정치를 실행한 로베스피에르의 실각 이후에는
나폴레옹이라는 새로운 황제의 등극으로 이어졌다. 혁명은 평
등을 만들지 못한다. 왜냐하면 평등이란 복수하고 싶은 정념
의 귀결일 뿐이기 때문이다. 이러한 이유에서 차라투스트라는
"누군가를 처벌하려는 충동에 사로잡힌 모든 사람들을 기각하
라"(129쪽)고 말한다.

　　그렇다면 차라투스트라는 평등에 왜 반대하는 것일까? 그

· Concept Word ·

공포정치

공포정치(La Terreur, Reign of Terror)는 프랑스 혁명 이후 설립된 국민공회를 장악한 자코뱅의 로베스피에르가 공안위원회를 장악해 1793년부터 1794년까지 실시한 독재적인 통치 형태를 말한다. 프랑스 혁명에서 주도권을 잡은 급진파 자코뱅은 온건파 지롱드와의 경쟁 관계에서 우위에 서기 위해, 또 자코뱅 내에서의 경쟁 세력들을 축출하기 위해 정적들을 '반혁명 세력'으로 몰아 단두대에서 처형했다. 혁명정부가 외국 군대와 협력하는 내부의 적대 세력에 의해 무너질 수 있다는 공포감을 조성함으로써 집권 세력은 정치적 이익을 얻을 수 있었다. 이 공포정치에 지친 지롱드와 자코뱅 온건 세력에 의한 쿠데타(테르미도르 반동)가 1794년 7월 일어나 자코뱅 독재와 공포정치는 막을 내렸다.

는 인간은 평등해선 안 된다고 말한다. 왜냐하면 '평등'이란 '같아짐'을 의미하기 때문이다. 평등을 뜻하는 단어 'Gleichheit'는 '같음'이라는 의미이기도 하다. 영어의 'equality'나 프랑스어의 'égalité'도 '같다'는 뜻의 라틴어 형용사 'aequalis'를 어원으로 가지고 있다. 이런 맥락에서 보자면, 평등은 서로 다른 인간을 같게 만드는 동일성 논리에 불과하다. 그 과정에서 각 개인의 고유한 차이는 사라질 뿐이다. 반면 차라투스트라는 높이 올라가려는 노력이 인간을 열정적 존재로 만들며, 인간들 사이의 적대와 전쟁은 인간을 발명가로 만든다고 강조한다. 그러나 평등이라는 이념은 "삶이란 언제나 계속해서 자신을 극복해야 한다는 사실"(130쪽)을 가리고 '남과 같아져라' 하고 말한다. 따

76

라서 평등을 추구하는 것은 삶의 고귀함을 위한 치열한 열정을 통해 산꼭대기에 도달하는 인간의 노력을 폄훼하고 인간을 순응하는 존재로 만드는 일일 따름이다. 높이 올라가려는 자는 자신을 극복해야 한다. 그것이 인간이 드러내는 아름다움이다. 복수심에 가득 찬 평등주의자들, '같음'을 정의로 예찬하는 사회는 결코 이러한 인간의 자기 초월에 도달할 수 없다.

　이처럼 니체의 평등 비판은 양가성을 갖는다. 그것은 평등이라는 이념을 근본적으로 거부한다는 점에서, 인간의 근원적 평등을 받아들이는 민주주의 사회의 가치관과 일치하지 않는다. 그럼에도 니체의 평등 비판을 평등에 대한 근본적 기각이라는 관점이 아니라, '어떤 평등이 우리에게 필요한가?'라는 관점에서 수용한다면, 평등이라는 관념의 자기반성에 기여하게 될 수도 있다. 분명 니체가 고발하듯, '복수심'에서 비롯하는 평등, '동일성 논리'를 넘어서지 못하는 평등은 인간의 삶을 해방시키는 방식의 이념이 아니다. 그러나 복수심이 아니라, 동등한 자격을 요구함으로써 자신을 고양시키는 평등을 향한 투쟁, 나아가 동일성(같음)이 아니라 다양한 각자의 차이를 펼칠 수 있는 권리의 동등한 확장이라는 의미에서의 평등은 우리에게 여전히 필요하다. 따라서 우리는 니체를 따라 '평등에 반대'하기보다는, 니체의 평등 비판을 수용해 '평등의 자기반성'을 추구하는 관점을 가져야 한다는 것이 필자의 생각이다.

결국 2부에서 니체는 차라투스트라의 입을 빌려, 존재의 고양과 이를 통한 존재의 아름다움을 추구하는 것이 연민이나 평등, 내세의 구원 같은 낡은 도덕을 넘어서는 새로운 도덕이라고 주장하고 있다. 2부 마지막 부분에서 차라투스트라는 다시 설교를 중단하고 떠나겠다고 선언한다. 그에게는 역시 자기만의 가장 고요한 시간이 필요했던 것이다. 아울러 차라투스트라는 본인이 위버멘쉬를 설파했지만, 위버멘쉬는 도래하지 않았고, 본인이 많은 사람들에게 다가갔지만, 그들은 마음의 문을 열지 않았다고 슬퍼한다. 그는 소리 없이 자신에게 말을 거는 속삭임의 목소리를 듣고는, 고뇌에 찬 분열적 자기 대화를 이어가다가 자기 내면의 분노를 조절하고, 아이의 긍정을 되찾기 위해 고독을 되찾을 것을 자신에게 주문한다. 밤에 그는 홀로 길을 떠나고, 2부는 막을 내린다.

새로운 서판을 위하여

　3부의 첫 장면에서는 밤중에 산을 넘어가는 차라투스트라
가 등장한다. 그는 물가에 가서 배를 탈 생각으로 산등성이를
넘어가면서, 자신이 젊은 시절부터 얼마나 많은 산을 넘고 외
로운 방랑을 했는지를 떠올렸다. 그는 "나는 방랑자이자 산을
오르는 자다"(193쪽) 하고 말한다. 여기서 산을 오른다는 행위
는 일종의 메타포로 해석할 수도 있다. 즉 산을 오르는 것은 육
체적인 고통을 이겨내고 자기 자신과의 대결을 통해 자기를
극복하는 행위이기도 하고, 그 과정에서 산에 '올라가듯' 그 자

신 역시 상승하고 고양될 수 있다. 이러한 이유로 차라투스트라는 평평한 대지를 좋아하지 않는다. 그는 위대함을 향한 자신의 여정을 위해 끝없이 산을 오르리라고 다짐한다.

행복의 섬을 벗어나 배를 타고 여행을 떠나는 차라투스트라는 그를 알아보고 말을 거는 주변 사람들의 말에 처음에는 반응하지 않다가, 이틀째에는 말문을 열어 사람들에게 그의 사상을 설파한다. 1부, 2부와 구분되는 3부에 등장하는 개념이 있다면 그것은 '동일한 것의 영원회귀(ewige Wiederkunft des Gleichen)'다. 모든 것이 영원히 반복된다는 이 개념은 그 자체로는 논리적인 증명이 불가능하기 때문에, 니체는 매우 문학적인 에피소드들을 동원하여 이러한 주장을 전개해나간다.

차라투스트라는 군중에게 자신이 본 수수께끼에 대해 말한다. 그것은 고독한 자의 환영이 자신을 지배했던 경험이다. 차라투스트라는 산속의 오솔길을 통해 산에 올라가는 와중에 절반은 난쟁이, 절반은 두더지인 절름발이 악령을 마주한다. 악령은 이후 차라투스트라의 등에 매달려 계속해서 그에게 속삭인다. 높이 던진 돌은 떨어지기 마련이며, 차라투스트라의 치열한 고뇌는 무의미로 끝날 거라고 악령은 말한다. 그에 대구하지 않고 침묵하며 계속 산을 오르던 차라투스트라는 어느 순간 이 악령을 몰아낼 용기를 얻게 되고, 그에게 사라지라고 고함을 칠 수 있었다.

차라투스트라는 먼저 자신이 갖게 된 용기에 대해 설명한다. 그에 따르면, 용기는 위대하다. 인간은 용기를 통해 다른 짐승을 굴복시키며, 고통을 이겨내고, 또 심연이 주는 현기증을 이겨내 현재를 견디게 만든다. 또 용기는 최고의 살인자인데, 왜냐하면 용기는 자기 초월의 적인 연민을 살해하기 때문이다. 반면 연민은 가장 깊은 심연으로, 인간을 그 심연에 빠져 허우적거리게 만드는 것이다. 또 용기는 공격을 할 줄 알고, 죽음을 죽게 만든다. 어떻게 이것이 가능한가? 용기는 우리에게 이렇게 말하기 때문이다. "이것이 인생이었는가? 그래 좋다! 이제 다시 한번!"(199쪽)

종종 인용되는 이 구절을 통해 니체는 영원회귀라는 자신의 새로운 사상을 전개하기 시작한다. 삶이 무의미하다는 악령의 속삭임에 맞서 용기를 낸 차라투스트라는 산을 오르는 지금의 이 삶이 몇 번이라도 되풀이되어도 좋다고 말한다. 왜냐하면 그러한 삶은 그 자체로 의미가 있으며 그것의 반복은 자신에게 크나큰 행복을 줄 것이기 때문이다. 지금의 나의 삶이 끝없이 되풀이된다 해도 나는 여전히 행복할 것인가? 안타깝게도 현대인들인 우리는 그렇게 살아가지 못하고 있다. 많은 현대인들은 자신의 삶에는 어떤 '목적'이 있으며, 그 목적을 달성하기 이전에 자신의 삶은 중간 과도기로서의 의미만을 갖는다고 생각한다. 고3 수험생은 대학 입학을, 대졸자들은 번듯한 직장에 취업하는 것을, 사회 초년생은 월세를 탈출하는 것을 자신의 삶의 목적으로 삼는다. 우리는 모두 자신의 '현재'가 언젠가 달성될 미래의 '목적'을 위해 희생되어야 한다고 보고 있다. '지금의 삶이 행복하십니까?' 하고 묻는다면 '그렇다'고 답할 사람은 많지 않을 것이다. 많은 사람들은 행복을 미래의 일로 여긴다. 자신의 목적이 달성되면 그때의 나는 행복하겠지만, 그것을 위해 지금 고시 준비를 하거나 취업 준비를 하는 자신의 삶은 부족하거나 불행하다고 여긴다. 그래서 많은 사람들이 낮은 자존감과 우울로 고통받으며 살아간다. 그런데 차라투스트라는 끝없이 산을 넘어가는 방랑자로서 자신의 삶이 몇 번이고 되풀이되어도 좋다고 말한다. 그렇게 말하는 것은 용기를 필요로 하는 일이다. 그러나 그렇게 말하는 순간, 차라투스트라는 자신의 삶을 무의미한 유혹에서 구해내고, 그것을 '영원히 되풀이되어도 좋을' 가장 아름다운 순간으로 구성해낸다.

자, 이제 차라투스트라에게 '사라지라'는 고함을 들은 악령은 그의 어깨에서 뛰어내려, 돌 위에 웅크려 앉는다. 그에게 차라투스트라는 또 다른 비유를 들려준다. 차라투스트라는 자신들이 발을 멈춘 길을 보며 말한다. 이 길은 성문을 기점으로 두 갈래길로 이어지는데, 하나의 길은 영원을 향해, 또 다른 길도 또 다른 영원을 향해 간다. 그리고 이 두 길이 교차하는 성문의 이름은 '순간(Augenblick)'이다.

　차라투스트라는 이 '순간'을 보라고 말한다. 이 순간이라는 성문으로부터 기나긴 영원한 골목이 뒤를 향해 달리고 있다. 따라서 우리의 뒤에는 영원함이 놓여 있다. 그런데 여기서 물음이 제기된다. 모든 것이 '이미' 존재했다면, 이 '순간'이란 무엇인가? 그리고 이 성문 역시 이미 존재했어야 했을 것이다. 바로 이러한 방식으로 모든 사물은 확고히 연결되어 있고, 이 순간은 모든 도래할 사물들을 자기에게 끌어들일 것이 아니겠는가? 이러한 질문을 던지며 차라투스트라가 하려는 말은 무엇인가? 그는 우리 모두는 이미 존재했던 것이 분명하며, 따라서 우리들도 이 골목길을 따라가다 보면 영원히 돌아올 수밖에 없다고 말한다.

　그때 어디선가 개가 짖는다. 이것은 차라투스트라의 심리적 연상으로 이어진다. 그가 어렸을 때도 언젠가 개가 짖었다. 그는 개에게 연민의 정을 느꼈다. 개의 주변에 사람이 쓰러져 있고 개는 어쩔 줄 몰라 하며 곁을 맴돌면서 도움을 간청하며 짖고 있었던 것이다. 개의 주인인 양치기의 입에는 뱀이 매

달려 있었다. 그 뱀이 양치기 목구멍으로 들어간 것이다. 차라투스트라는 뱀을 당겨보지만 양치기의 목구멍을 꽉 물고 있는 뱀에게는 아무 소용이 없었다. 그 순간 차라투스트라는 양치기에게 뱀을 물어버리라고 소리쳤다. 양치기는 그렇게 했고, 뱀을 물어버린 그는 다시 살아나 웃게 되었다. 즉 뱀에게 죽을 뻔했던 양치기는 다시 살아나 웃는 자로, 위대한 자로 고양된 것이다. "그는 더 이상 양치기도, 인간도 아니다. 그는 변화된 사람, 빛나는 사람, 웃는 사람이다."(202쪽)

이런 복잡한 액자식 구성을 통해(배 위에서 사람들에게 설파하는 차라투스트라, 그 설파 내용에서 난쟁이가 악령에게 고통받다가 그를 설득하는 차라투스트라, 이때 차라투스트라의 심리 연상을 통해 떠오른 과거 양치기와 뱀의 이야기) 니체는 복합적으로 얽혀 있는 '영원히 반복되는 시간'의 모델을 우리에게 제시하고 있다. 지금 이 이야기에는 세 가지 시점의 차라투스트라가 등장하는데, 그중 어느 것이 '현재'인 것일까? 실은 하나의 순간에 또 다른 이야기가 동시에 펼쳐지면서, 결국 세 가지 서로 다른 시점의 차라투스트라는 하나의 순간에 압축된 시간의 이미지를 보여주고 있지 않은가?

이것이 영원회귀의 사상이다. 그런데 여기서 '세계는 영원히 반복된다'는 명제를 이론적으로 주장하고 증명하는 것은

독일의 근대 철학자 임마누엘 칸트의 초상.

결코 니체의 의도가 아니다. 오히려 니체는 영원회귀라는 '가
정' 속에서, 우리에게 그에 합당한 삶을 살아가라고 조언하고
있다. 즉 지금 이 순간이 영원히 되풀이된다고 가정한다면, 나
는 매 순간을 그렇게 영원히 반복되어도 좋을, 의미로 충만하
고 행복하고 아름다운 순간으로 만들며 살아갈 것이다. 그렇게
본다면, 니체의 영원회귀란 칸트(Immanuel Kant, 1724~1804)적인
의미에서의 '규제적 이념'으로 해석될 수도 있다. 칸트에게서

규제적 이념이란, 인간의 자유의지, 영혼불멸, 신의 존재처럼 우리가 직접 경험할 수 없고, 이 때문에 이론적으로 증명되기 어려운 이념들의 경우, 주체인 우리는 그것들의 존재를 직접적으로 증명할 수는 없지만, 우리의 도덕적이고 자유로운 실천적 삶을 위해 우리의 실천이성이 그것들의 존재를 요청한다는 의미다. 물론 자유의지, 영혼불멸, 신의 실존과 같은 칸트가 요청하는 개념들은 니체가 전적으로 부정하고 반박하는 내용들이기 때문에 칸트와 니체는 서로 대립하는 철학자들임이 분명하지만, 그러나 어떤 부분에서는 니체의 '영원회귀'는 일종의 '규제적 이념'으로서, 우리의 실천적인 삶이 스스로 의미를 찾아가기 위해 우리에 의해 '요청되는' 사고방식이라고 해석해볼 수도 있다. 물론 거듭 말하지만, 니체는 칸트가 '규제적 이념'이라고 부른 목록들에 대해서는 동의하지 않았고, 마찬가지로 진보사관을 신봉하는 칸트 역시 세계가 영원히 되풀이된다는 니체의 시간관을 결코 받아들이지 않았을 것이다.

그럼에도 영원회귀를 규제적 이념의 관점에서 설명하다 보면, 우리가 그것을 이해하기가 한결 쉬워진다. 우리의 삶이 (대학 입시, 취업, 결혼, 내 집 마련 등등) 정해진 목적에 종속되어, 그 목적을 이루기 위한 수단으로 격하된다면, 그러한 삶이 영원히 반복된다는 것은 끔찍한 지옥의 영원한 반복일 뿐일 것이다.

진보사관

근대에 들어와 사람들은 세계가 매우 빠르게 변화하고 있다고 생각했다. 그리고 각각의 변화들은 문명의 진보를 낳는 것처럼 보였다. 세계는 거대해지고, 사회는 점차 부유하고 풍요로워졌으며, 이전까지는 상상할 수 없었던 새로운 기술이 등장해 세계를 급속도로 변화시켰다. 이런 상황에서 역사에 대한 철학적 관심이 증대되고, 근대 철학자들은 본격적으로 역사철학을 전개해나간다. 그런데 이러한 근대적 역사관의 대표적 관점이 바로 진보사관이다. 진보사관에서 시간은 일직선상으로 흐르고, 한번 지나간 시간은 되돌아오지 않는다. 그뿐만 아니라 진보사관에서는 그러한 시간의 흐름이 역사의 발전으로 이어져, 시간이 흐를수록 역사는 진보하며, 그러한 진보는 역사의 최종적인 목적을 향해 나아간다는 믿음이 생겨났다. 반면 이러한 진보사관에 비판적이었던 철학자들은 역사가 진보하지 않고, 근대 문명이 오히려 인간의 삶을 퇴락시키는 문명의 후퇴라고 비판하기도 했다. 그들은 잃어버린 인간 본연의 순수성을 되찾아야 한다고 보았고, 과거에서 현재로의 이행이 진보가 아니라 인간성의 소외 과정이라고 주장하기도 했다. 이러한 주장은 주로 낭만주의자들에 의해 제기되었다. 니체의 영원회귀설은 낭만주의로부터 받은 진보사관에 대한 비판에 뿌리를 두고 있으며, 역사가 한쪽으로 흘러가버리는 것이 아니라 순간이 영원하다는 관념을 중심으로, 그러한 영원함을 받아들이면서 살아갈 때 우리의 삶이 행복해질 것이라는 결론에 도달한다.

그러나 내가 나의 삶을 영원히 반복해도 좋을 방식으로 살아간다면, 그렇게 살아가는 나의 삶은 이 세계에 존재할 수 있는 모든 가능 세계 중에서 최선의 삶이 될 것이 분명하다. 바로 그러한 방식으로, 마치 칸트가 '인간이 자유로운 것처럼', '영혼이 불멸하는 것처럼', '신이 존재하는 것처럼' 생각하고 행위하라고 우리에게 말하듯, '마치 세계가 영원히 되풀이되는 것처럼', '나의 삶이 영원히 반복되는 것처럼' 인식하고 행동함으로써 내 삶이 영원히 반복되어도 좋을 최고의 삶이 되도록 만들라는 것이 니체의 가르침이다. '그래 좋다! 이제 다시 한번!'이라고 외치면서 말이다.

이러한 니체의 사상은 우연성에 대한 긍정으로 이어진다. 형이상학자들은 세계를 필연적 법칙 속에 이해하려 했다. 개별적 현상들은 우연적인 것으로서는 무의미할 뿐이며, 세계에 깃든 법칙의 관점에서 필연성의 일부로 파악될 때에만 비로소 의미를 갖는다는 것이다. 니체는 이러한 형이상학적 사유가 현존에 대한 부정을 내포하고 있다고 본다. 현존의 의미를 오로지 초월적인 것, 신적 존재, 영원불멸하고 보편적인 법칙의 관점에서만 부여하기 때문이다. 반면 니체는 우리의 삶과 세계 전반에 대해 긍정하고 그것을 축복하는 자세를 예찬하며 그로부터 우연성에 대한 긍정을 도출한다.

나는 축복하는 자가 되었으며, 긍정하는 자가 되었다. 그리고 이를 위해 나는 오랫동안 분투했으며, 예전부터 축복을 위해 손을 비워놓는다는 의미에서 분투하는 자였다.

그러나 이것이 나의 축복이다. 모든 사물 위에 그 자신의 하늘로서, 둥근 지붕으로서, 하늘빛 종과 영원한 안전으로서 있을 것. 그리고 축복하는 자는 복되도다!

왜냐하면 모든 사물들은 선악의 저편에서 영원의 샘으로부터 세례를 받기 때문이다. 선과 악 자체는 오직 어중간한 그늘이고 축축한 슬픔이자 끌려다니는 구름일 뿐이다.

내가 '모든 사물들 위에 우연이라는 하늘이, 순수함이라는 하늘이, 우발성이라는 하늘이, 오만함이라는 하늘이 떠 있다'고 가르칠 때, 참으로, 그것은 축복이지 죄악이 아니다.

'우발적인 것', 그것은 세계에서 가장 오래된 고귀함이며, 나는 모든 사물에 이것을 돌려주었고, 나는 만물을 목적에 속한 노예 상태에서 구원하였다.(209쪽)

우연한 것, 우발적인 것, 필연이나 목적에 종속되지 않은 모든 것은 그 자체로서 의미를 갖는다. 이것이야말로 차라투스트라가 만물을 축복하는 방식이다. 이제 세계는 법칙과 섭리에 종속되어 있는 한갓 현상 세계로 묘사되는 것이 아니라 그 자체로 우연성 속에서 미래를 향해 열려 있는 존재로 인식될 수 있다. 이성을 통해서 만물을 절대적 필연성의 법칙 속에 파악한다는 철학의 오만함은 실제로는 이러한 세계의 의미를 파악하지 못하는 무지의 소치일 뿐이다. 형이상학은 이성이라는 거미줄을 쳐서 세계를 포착한 뒤 그것을 소유하고자 한다. 반면 니체는 차라투스트라의 입을 빌려, 우연성으로 열려 있는 세계의 다양성과 역동성을 주사위의 비유로 설명한다.

> 약간의 지혜는 물론 가능하다. 그러나 나는 이러한 행복한 확신을 모든 사물에게서 발견한다. 즉 모든 사물들은 차라리 우연이라는 발로 춤을 추고 있다는 것을.
> 오 내 위의 하늘이여, 너 순수한 자여! 드높은 자여! 영원한 이성의 거미도, 이성의 거미줄도 없다는 것이 나에게는 너의 순수함이다.
> 너는 나에게 신적인 우연을 위한 무도회장이고, 너는 나에게 신들의 주사위를 위한 그리고 주사위 놀이를 하는 사람들을 위한 신들의 탁자다!(209~210쪽)

신들의 탁자 위에서 펼쳐지는 주사위 놀이로서의 세계, 영원한 우연함의 세계, 우연성의 발로 무도회장에서 추는 춤과 같은 세계. 그것이 니체가 차라투스트라를 통해 우리에게 들려주는 세계에 대한 진실이다. 그것이 종교와 형이상학이 알려주지 않은 세계의 참된 상태다.

니체는 책의 3부에서 영원회귀 사상을 차라투스트라의 곁을 지키는 동물들의 입을 통해 다시 한번 독자들에게 전달한다. 돌연 쓰러져 오랜 잠에서 깨어난 차라투스트라의 곁에는 그의 오랜 벗인 뱀과 독수리가 있었다. 그들은 차라투스트라와 대화 중에 자신들이 이해하는 그의 사상을 다음과 같이 요약한다.

"오 차라투스트라여" 짐승들이 이어서 말했다. "우리처럼 생각하는 자들에게는 모든 사물들은 스스로 춤을 춥니다. 그것은 다가오고 손을 내밀고는 웃다가 날아가 버립니다. 그리고 다시 다가옵니다.

모든 것은 가고 모든 것은 돌아옵니다. 존재의 수레바퀴가 영원히 굴러갑니다. 모든 것은 죽습니다. 모든 것은 다시 화창하게 피어납니다. 존재의 세월은 영원히 흘러갑니다.

모든 것은 부서집니다. 모든 것은 새롭게 결합합니다. 동일한 존재의 집이 영원이 지어집니다. 모든 것은 이별합니다. 모든 것은 다시 인사합니다. 존재의 반지는 영원히 자신에게 충실하게 남아 있습니다.

매 순간 존재가 시작됩니다. 공은 모든 여기 주위로 저기로 굴러다닙니다. 어디에나 중심이 있습니다. 영원의 오솔길은 굽어 있습니다." (272~273쪽)

차라투스트라는 자신의 동물들의 혜안에 기뻐하며 이렇게 말한다. 인간이야말로 가장 잔인한 짐승이다. 인간이 창조한 것은 비극, 투우, 십자가형, 지옥이다. 인간은 이런 것들을 만들어내고 쾌락을 느낀다. 그래 놓고 그들은 이번에는 삶의 공허함을 노래하며 피안의 세계에서의 구원을 학수고대하는 것이다. 그에 반해 동물들이 제시한 영원회귀 사상은 어떠한가? 그것은 지금 이 순간, 모든 것이 피고 지고 다시 도래한다는 생각을 담고 있다. 그것이 운명이다. 그러나 그 운명은 나와 무관하게 결정되어 체념과 비관주의를 낳는 운명이 아니다. 내가 나의 운명으로 받아들이고 그것을 사랑하게 되는 것, 그것이 곧 운명이다. 결국 영원회귀는 삶을 긍정하기 위한 철학적 개념으로 제시된다. 그래서 뱀과 독수리는 차라투스트라를 "영원회귀의 스승"이라고 부른다.

3부에서 니체가 전달하는 또 다른 메시지는 낡은 덕이 새겨진 서판을 깨부수고 새로운 서판을 써내려가라는 것이다. 차라투스트라는 인간을 왜소하게 만드는 덕을 거부하면서, 다음과 같은 새로운 덕을 제시한다. "도둑질하기 어려울 때는 훔쳐야만 한다", "너희들이 원하는 것을 하라. 그러나 우선은 의지할 수 있는 자가 되어라", "너희의 이웃을 항상 사랑하라. 그러나 우선은 자기 자신을 사랑하는 사람이 되어라."(216쪽) 이러한 계율들은 '도둑질하지 마라', '이웃을 사랑하라' 등과 같은 기존의 기독교적 도덕률에 대한 패러디로 제시된 것으로 보인다.

차라투스트라는 인간을 병들게 만드는 세 가지 금기에 대해서도 언급한다. 그것은 사람들이 '악'으로 규정하고 기존의 사고방식에 의해 저주받은 것들이다. 세 가지 금기는 육체적 쾌락, 지배욕, 이기심이다. 차라투스트라는 금지된 덕목 하나하나를 곰곰이 뜯어보면서 그 의미를 발견하려 한다. 먼저 쾌락은 육체를 경멸하는 자들, 피안의 세계를 동경하는 자들이 가장 저주하는 것이다. 그러나 육체적 쾌락은 자유로운 마음을 가진 사람들에게는 죄 없고 자유로운 것이며, 대지의 정원에서 누리는 행복이자, 현재의 충만함에 대해 미래가 갖는 모든 고마움을 뜻한다. 따라서 쾌락은 더 높은 행복과 최상의 희망을 위한 커다란 비유적인 행복이라는 의미를 갖는다. 또 차라투스트라가 보기에 지배욕이란 가혹한 자를 처단하는 채찍이며, 모든 부패하고 쓸모없는 것, 공허한 것들을 무너뜨리는 지진이다. 지배욕은 인간을 유혹하면서 행복을 향해 열정적으로 불타오르게 만드는 것이며, 따라서 결코 병적인 욕구가 아니다. 이기심도 마찬가지다. 이기심이란 건강한 신체에서 비롯하여 주변 사물이 거울이 되어 비춰주는 강한 영혼에서 나오는 건강하고 건전한 자기애로 규정된다. 그러나 이 복된 이기심을 학대하는 것이 그동안 덕으로 불려왔던 것이다. 이제 이 모든 가치들의 전복이 일어나, 금지되어왔던 악덕이 새로운 덕으로 불리게 될 날이 올 것이다. 그러한 전복이 이뤄질 순간, '위대한 정오'는 우리에게 가까이 있으며, 곧 도래할 것이다. 이것이 차라투스트라의 예언이다.

그러나 우리 인간들은 중력이라는 힘에 사로잡혀 항상 무거움을 느끼며 살아갈 뿐, 가볍고 명랑한 존재가 되지 못하고 있다. 차라투스트라는 삶의 긍정을 위한 덕목 중 하나가 '가벼움'이라고 말한다. 그러나 현시대의 인간들은 마치 타조와 같아서, 말보다 빠른 다리를 가지고 있지만 자신의 머리를 땅속에 처박고 있을 뿐이다. 삶이 무겁다고 말하는 사람들도 마찬가지다. 우리는 중력이라는 악령의 힘을 이겨내지 못하고 우리 자신의 무게로 괴로워하고 있다. 그러나 우리는 스스로 가벼워지고자 하는 자가 되어야 하며, 마치 새와 같이 자신을 사랑해야 한다고 차라투스트라는 가르친다. 그것은 건강하게 자신을 사랑해야 한다는 것이다. 구체적으로 말해, 그러한 자기애는 자신의 모든 것을 용서하고 무조건적으로 사랑하는 태도와는 다르다. 자기만족이 반드시 좋은 것은 아니다. 왜냐하면 자신의 지금 모습에 온전히 만족해버리면, 그는 새로운 존재로 거듭나지 못할 것이기 때문이다. 모든 것에 만족하는 자들(die Allgenügsamen)이 되는 것은 중력에 굴복하고 머리를 대지에 박는 타조에 머무는 것에 불과하다. 반면 차라투스트라는 더 치열하게 자기 자신과 대결하는 자가 되어야 한다고 가르친다. "나는 반항적인 까다로운 혀와 위장을 존경한다. '나(Ich)'와 '예(Ja)' 그리고 '아니오(Nein)'라고 말하는 법을 배운 자들을."(243쪽) 진정한 자기애를 위해서는 자기 자신에 대해 반항할 줄도 알아야 하며, 자기 자신에 대해 '예'라고 말할 줄도, '아니오'라고 말할 줄도 알아야 한다. 이것이 건전한 방식의 자기에 대한 사랑이다. 그것은 자신을 지나치게 관대하게 사랑해서 스스로 고양되려는 노력을 회피하거나, 자아에 집착하는 나르시시스트가 되는 것이 아니라, 새로운 자기가 되려는 노력을 게을리하지 않는 그러한 자기애를 말한다.

이제 차라투스트라는 낡은 서판과 새로운 서판에 관한 자신의 사유를 제시한다. 이 부분이 3부의 가장 핵심적인 구절들이라고 할 수 있을 것이다. 차라투스트라는 먼저 이렇게 말한다.

여기 나 앉아 기다리니, 내 곁에는 부서진 낡은 서판과 절반쯤 쓴 새로운 서판이 있다. 나의 시간은 언제 도래하는가?

나의 하강의 시간, 몰락의 시간이다. 왜냐하면 또 한 번 나는 사람들에게 가려고 하기 때문이다.

나는 이제 그것을 기다린다. 우선 지금이 나의 시간이라는 신호가, 곧 비둘기 떼와 함께 웃는 사자가 나에게 와야 할 것이기 때문이다.

그러는 사이 나는 시간을 가진 한 사람으로서, 나 자신에게 말한다. 아무도 나에게 새로운 것을 말해주지 않기에, 나는 나 자신에게 말하려 한다.(246쪽)

낡은 서판은 부서져 있다. 이미 낡아버려서 우리의 삶에 아무런 역할도 하지 못하는 이 서판은 누군가에 의해 부서져버렸다. 그 옆에는 절반쯤 새로 쓴 서판이 있다. 이 새로운 서판은 완성되지 못했다. 그것을 완성하는 것이 차라투스트라와 우리의 과제로 제시된 것이다.

차라투스트라는 사람들의 "낡은 자만심"을 조소한다. 그들은 무엇이 선인지 악인지 안다고 믿고 있다. 그러고는 잠들기 전 선과 악에 관해 기도를 올리는 것이다. 그러나 스스로 가치를 창조하는 자가 아니라면, 무엇이 선이고 무엇이 악인지를 과연 어떻게 알 수 있을까? 차라투스트라는 창조하는 자는 이 대지의 의미를 부여하며, 무엇이 선이고 악인지를 결정한다고 말한다. 반면 중력처럼 인간을 굴복시키는 도덕과 종교의 힘은 엄청나다. 인간은 억압, 규칙, 필연, 결과, 목적, 의지, 선과 악을 만들어놓고 자신들을 그러한 덕목의 노예로 간주한다. 차라투스트라는 이제, 이러한 억압적인 도덕적 금기들을 '뛰어넘어 춤을 추어야' 한다고 말한다. 그리고 기존에 악이라고 불려진 모든 덕목들이 새로운 서판의 내용에 합해져야 한다. 예컨대 수 세기 동안 사람들의 도덕관념을 사로잡은 모세의 십계명은 대표적인 낡은 서판이다. 그리고 기독교는 대표적으로 '네 이웃을 사랑하라'는 격언을 받아들이고 있다. 반면 차라투스트라는 그러한 낡은 서판의 사고방식이 악으로 간주해 거부한 것들이 새로운 서판의 내용이 되어야 한다고 말한다. "너의 이웃을 보살피지 마라! 인간은 극복되어야 할 어떤 것이다." "이웃들 속에서 너 자신을 극복하라. 너 자신이 약탈될 수 있도록 만들지 말라." 또 고귀한 영혼에 관해 차라투스트라는 이렇게 말한다.

> 고귀한 영혼의 종류는 이러할 것이다. 그들은 무엇도 공짜로 가지려 하지 않는다. 하물며 삶은 결코 공짜로 가질 수 없다. 천민 중 한 사람인 자, 그는 공짜로 살아가려 할 것이다. 그러나 삶이 주어진 우리 다른 사람들은 언제나 우리가 그에 대해

무엇을 가장 잘 줄 수 있을지 고민한다!

그리고 참으로, 이렇게 말하는 것은 고상한 말이다. '우리에게 삶이 약속하는 것, 그것을 우리는 삶에게 지키려 한다!'

향유할 것을 주지 않고서는 향유하려 해서는 안 된다. 그리고 향유하려 '해서는' 안 된다!

향유와 순수는 가장 수줍음이 많은 것들이다. 이 둘은 숨어 있고 싶어 한다. 사람들은 그것을 가져야 하지만, 오히려 죄와 고통을 추구해야 한다!(250쪽)

이처럼 고귀한 영혼을 가진 자들은 삶을 거저 쉽게 얻으면서 무의미하게 살아가려 하지 않는다. 그들은 베풀려 하고, 받은 만큼 되돌려주려 하며, 삶의 약속을 지키기 위해 삶을 윤택하게 만들기 위해 애쓰는 사람들이다. 그저 얻어지는 것을 향유하려 하지 않고, 향유에 집착하지 않는다. 인용된 마지막 문장은 이런 맥락에서 해석되어야 할 것이다. 고귀한 영혼을 가진 사람들과 달리, 대부분의 보통 사람들은 향유와 순수함(죄 없음)이 아니라, 죄와 고통을 추구하며 살아간다. 그렇다면 죄와 고통의 악순환에서 벗어나기 위해서는 무엇이 필요한가? 즉 우리가 우리 자신을 희생 제물로 만들지 않고 고귀해지기 위해서는 무엇이 필요한가? 무엇보다 중요한 것은 낡은 우상을 부수는 일이다.

이런 식으로 하나의 진리가 태어나려면, 새로운 서판이 써지기 위해서는 선한 자들이 악으로 칭하는 모든 것이 합해져야 하며, 그것을 쓰는 사람이 충분히 악해져야 한다. 물론 이렇게 '악해져야 한다'는 니체의 문장을 있는 그대로 해석해 니체가 불법과 폭력, 범죄를 옹호했다는 식으로 이해해선 곤란하다. 니체에게서 중요한 것은 기존 도덕 가치의 전복에 있는 것이지, 범죄와 폭력을 찬양하는 데 있는 것이 아니다. 도덕이 금기가 될 때, 도덕이 자기 부정과 희생의 논리가 될 때, 그것을 전복하지 않으면 새로운 자기 긍정의 세계를 만들어낼 수 없는 것이다. 그래서 차라투스트라는 이렇게 말한다.

> 오, 이 선한 사람들! 선한 사람들은 결코 진리를 말하지 않는다. 정신에게는 그만큼 선하다는 것이 하나의 병일 뿐이다.
> 선한 자들은 굽히고, 이 선한 자들은 굴복한다. 그들의 심장은 남들 따라 말하고, 그들의 심연은 복종한다. 그러나 복종하는 자, 그는 자기 자신의 말은 듣지 않는다!
> 하나의 진리가 태어날 수 있도록, 선한 사람들이 악하다고 부르는 모든 것은 한데 모여야 한다. 오, 나의 형제들이여, 그대들은 이러한 진리를 위해 충분히 악한가?

저돌적인 시도, 오래된 불신, 잔혹한 부정, 싫증, 살아 있는 것 속으로 칼질하기, 이것들이 한데로 모이는 것은 얼마나 드문 일인가! 그러나 그러한 씨앗에서 진리가 잉태된다!

이제까지 모든 지식은 악한 양심과 나란히 자라났다. 너희 인식하는 자들이여, 부숴라, 낡은 서판을 부숴버려라!(251쪽)

이러한 논의는 선과 악이라는 이분법적인 사고를 벗어나야 함을 의미한다. 그리고 우리가 악을 저지르면 처벌을 받는다는 종교의 가르침에서 벗어나야 함을 의미한다. 그것만이 우리가 자유로워지는 길이다. 그래서 차라투스트라는 이렇게 말한다.

선과 악이라 불리는 낡은 광기가 있다. 이제까지 이 광기의 수레바퀴가 예언자와 점성술사 주변을 맴돌았다.

예전에는 사람들이 예언자와 점성술사를 믿었다. 그리고 이 때문에 사람들은 이렇게 믿었다. '모든 것은 운명이다. 너는 반드시 해야 하고, 그러니 마땅히 해야 한다!'

이제 다시 사람들은 모든 예언자들과 점성술사들을 불신하였다. 그리고 이 때문에 사람들은 이렇게 믿었다. '모든 것은 자유다. 너는 의지하므로, 할 수 있다!'

오 나의 형제들이여, 이제까지 별들과 미래에 관해서 오직 망상이 있었을 뿐, 알려진 것은 없다. 그리고 이 때문에 선과 악에 관해서 오로지 망상이 있었을 뿐, 알려진 것은 없다!(253쪽)

예언자들과 점성술사를 넘어서, 운명을 넘어서 자유를 자신의 삶에 끌어들일 용기를 가진 사람들은 누구인가? 반면 그러한 용기를 상실한 채 자신의 삶의 의미를 찾지 못하고 타인의 삶을 증오하는 사람은 누구인가? 그들은 지나간 자신의 삶을 '무의미'에 내맡겨버리고 도래할 미래의 구원을 애타게 기다릴 뿐이다.

이것은 어떤 것이 버림받는 것을 보고 생겨난, 모든 지나간 것에 대한 나의 연민이다.
모든 종류의 은총, 정신, 광기에 내맡긴 채, 그것은 도래할 것이며, 존재했던 모든 것은 그 자신의 다리로 재해석될 것이다!
위대한 폭력적 군주가 도래할 수 있다. 재치 있는 괴물이 도래할 수 있다. 그는 은총과 재앙을 통해 모든 지나간 것을 강요하고 강제할지 모른다. 그것이 그에게 다리가 되고 전령이 되고 닭 울음소리가 될 때까지.
그러나 이것은 또 다른 위험 그리고 나의 또 다른 연민이다. 즉 천민 중 한 사람인 자, 그의 생각은 할아버지로 소급된다.

그러나 할아버지와 함께 시간이 중단되어버린다.

그러니까 모든 지나간 것은 버려진 것이다. 왜냐하면 천민이 주인이 되고 옅은 물가에서 모든 시간이 질식사하는 순간이 언젠가 도래할 것이기 때문이다.

이 때문에, 오, 나의 형제들이여, 새로운 귀족이 필요하다. 그는 모든 천민과 모든 폭력적 군주들에게 대항하는 자이며 새로운 서판 위에 새롭게 '고귀하다'라는 단어를 적을 것이다.

귀족이 존재한다는 것은 많은 고귀한 사람들과 여러 고귀한 사람들을 필요로 한다! 또는 내가 전에 비유를 들어 말했듯이 '신들이 존재하지만, 하나의 신은 존재하지 않는다는 것이야 말로 신성한 것이다!'(254쪽)

차라투스트라는 복수심에 불타서 힘을 가진 자, 고귀한 자를 끌어내릴 생각에 사로잡혀 있는 사람들을 천민이라고 부른다. 그들은 '언젠가' 주인과 노예의 관계가 전복될 거라고 믿으면서 미래만을 기다리고, 따라서 지나간 과거는 덧없는 것, 버려진 것으로 간주한다. 이들이야말로 자신들의 질투와 시기, 복수심을 정의로 불러왔고, 이기심을 이타심으로 포장하면서 마치 자신들이 '모든 인류의 평등'을 주장하는 것처럼 말해왔다. 그러나 니체는 이들에 맞서 새로운 서판을 쓸 새로운 귀족이 필요하다고 말한다. 그러면서 차라투스트라는 자신의 주장을 받아들이는 사람들을 새로운 귀족으로 서품한다. 여기서 니체가 말하는 귀족이란, 혈통을 통해 조상으로부터 부와 권력을 물려받은 중세적 귀족을 뜻하는 것이 아니다. 니체가 천민과 귀족을 구분할 때의 쟁점은 스스로 자신의 가치를 제시하면서 세계를 자신의 의지가 펼쳐지는 공간으로 이해하는가의 여부다. 천민의 경우 원한과 복수심에 불타 누군가를 끌어내릴 궁리만 하고 살아가기 때문에 자기 자신의 삶의 의미는 오로지 자신이 증오하는 타인에 종속되어 있다. 그러나 귀족은 스스로 삶의 가치와 의미를 부여하며 자긍심을 가지고 살아간다. 따라서 천민과 귀족의 구분은 혈통에 입각한 것이 아니라 삶의 방식을 통해 이뤄진다. 중요한 것은 고귀한 삶을 스스로 살아가야 한다는 것이지, 신분의 높고 낮음으로 인간을 평가하는 것이 아니다. 따라서 니체의 귀족주의는 봉건적 귀족주의에 대한 옹호라고 치부할 수 없는 성격을 갖는다. 또 그것은 돈으로 신분을 사는 근대적인 부르주아 계급의 삶을 옹호하는 것 역시 아니다. 여기서의 고귀한 자들, 귀족이란 새로운 서판을 써내려갈 차라투스트라의 동반자를 말하는 것이다.

그러나 새로운 서판 역시 또 다른 우상이 되어서는 곤란하다. 모든 것은 운동하며, 선과 악도 마찬가지여서, 기존의 선과 악의 규정을 전복하는 새로운 서판 역시 그것이 절대적인 가치로 고정되는 순간 또 다른 '도덕적 폭력'으로 이어질 수도 있다. 따라서 새로운 서판도 필요하다면 과감히 부숴버리라고 차라투스트라는 말한다. 결국 차라투스트라는 진리, 가치, 의미를 삶의 즐거움과 기쁨이라는 관점에서 평가한다. "춤 한번 추지 않은 날은 잃어버린 것과 같다! 그리고 웃음 한 번 주지 못하는 모든 진리는 허위라고 불려야 한다."(264쪽) 과연 우리를 춤추게 하지 않고, 웃음 한 번 주지 못하는 진리 혹은 도덕적 선이 우리에게 어떤 삶의 의미를 제공하는가? 기쁨과 긍정의 삶은 그러한 전통적 규범들이 갖는 위선을 넘어설 때, 낡은 서판을 부수고 새로운 서판을 써내려갈 때 비로소 가능하다.

새로운 삶을 향하여

　책의 4부에는 차라투스트라가 전달해주는 새로운 사상은 등장하지 않는다. 4부에서 강조되는 것은 오히려 차라투스트라의 가르침을 따르는 것이 얼마나 어려운가 하는 것이다. 여기서는 산속에서 수행하던 차라투스트라의 여러 벗들이 등장하지만, 그들 각각은 차라투스트라가 보기에 가능성과 함께 커다란 한계들을 가지고 있다. 이들이 벌이는 좌충우돌의 에피소드들이 4부를 구성하고 있다.

　4부에서의 차라투스트라는 이미 백발을 한 노인이 되었다.

그러나 그의 얼굴은 어린아이의 표정을 하고 있다. 그의 곁을 지키는 뱀과 독수리는 그에게 그가 자신의 행복을 기다리는가 하고 묻는다. 그러나 차라투스트라는 자신은 전부터 행복에 뜻을 두지 않았으며, 그가 바라는 것은 자신의 과제가 실현되는 것이라고 말한다. 그는 자신의 동물들에게 그가 산 위로 가서 꿀을 헌납하려 하니 도와달라고 부탁하지만, 막상 산 위에 도달하자 동물들을 돌려보내고 혼자가 되어 실컷 웃는다. 사실 꿀 헌납은 구실이었을 뿐, 그는 더 높이 올라가 홀로 되고 싶었던 것이다. 그는 이제 이렇게 독백을 한다. "근본적으로 그리고 처음부터 나는 당기고, 끌어당기고, 당겨올리고, 끌어올리는 그러한 자, 곧 끌어당기는 자, 양육하는 자 그리고 훈육하는 자다. 나는 일찍이 헛되이 다음과 같이 말한 것이 아니었다. '너 자신이 되어라!'"(297쪽)

이제 그는 사람들을 향해 내려가지(몰락하지) 않을 것이며, 오히려 그의 가르침을 위해서는 다른 사람들이 산으로 올라와야 할 것이라고 말한다. 여전히 차라투스트라의 말 속에는 상승(고양됨)과 하강(몰락)의 모티브가 계속 유지되고 있는 것을 확인할 수 있다. 차라투스트라는 자신은 산꼭대기에서 물고기를 잡으며 살겠다고도 말하는데, 이것은 하나의 비유라고 해석해볼 수 있다. 산에는 물고기가 없기 때문에, 이것은 결국 '사

천년왕국

「요한 묵시록」에 등장하는 "그들은 하느님과 그리스도의 사제가 되어, 그분과 함께 천년 동안 다스릴 것입니다"(20:6)라는 구절에서 언급된 것처럼, 신약 성경은 하느님이 직접 지상에 통치하는 왕국이 천년 동안 펼쳐질 것이라고 예언한다. 이 천년의 기간 동안 사탄은 쇠사슬에 묶여 감금당하고, 믿음으로 인해 순교당한 자들이 되살아나 하느님과 함께 통치에 참여할 것이다. 이러한 묵시록에서의 천년왕국에 대한 언급은 이후 기독교 개혁 운동이 일어날 때 기존의 교회를 비판하면서 신이 통치하는 천년왕국의 도래를 설파하는 유토피아적, 메시아주의적 성격의 교파들이 등장하는 계기를 이루게 된다. 대표적인 흐름은 토마스 뮌처(Thomas Münzer)가 이끄는 재세례파였다. 그는 민중을 착취하고 탄압하는 봉건 영주들을 청산해야 천년왕국이 도래할 것이라고 믿었으며 이를 바탕으로 농민 봉기와 같은 혁명 운동을 일으켰다. 그 과정에서 봉건 영주들의 권력을 옹호하는 기존 교회에 대해 가차없는 비판을 가했고 이들을 사탄의 무리라고 규탄했다. 그는 영주 세력과의 전투에서 패배해 1525년 참수당했다.

람을 낚는 어부'라는 예수의 가르침을 차용하여 사람들에게 가르침을 주는 자신의 위치를 설정하려 했던 것으로 이해할 수 있다. 기독교 전통에 대한 니체의 차용은 자신의 천년왕국이 펼쳐질 것이라는 차라투스트라의 독백에서도 드러난다. 그러나 이러한 천년왕국을 언급하는 차라투스트라의 독백 속에는 이교도 전승이 결합되어 있기도 하다. "누가 언젠가 도래하며 단순히 지나치지 않을 것인가? 우리의 위대한 하자르, 그것이 우리의 위대한 머나먼 인간 왕국, 차라투스트라의 천년왕국이다."(298쪽) 하자르란 7세기에서 10세기 사이에 튀르크계

토마스 뮌처의 초상(1608년 판화).

유목민족이 지금의 러시아 남부 지역에 만든 왕국이자 문명을 말한다. 그런데 이 하자르 왕국은 기독교 문명권에도, 이슬람 문명권에도 동화되지 않으면서 내부에 기독교, 이슬람교, 유대교, 토착 신앙 등을 믿는 여러 사람들이 섞여 살았으며, 이들이 각각의 소속 종교에 따라 재판받을 수 있도록 각각의 종교재판정이 도시별로 설치되어 있었다. 여기서 보듯, 차라투스트라의 천년왕국이란 특정한 종교에 편향되지 않고 다양한 믿음을 가진 사람들이 조화롭게 살 수 있는 사회를 뜻하는 것으로 해석할 수 있을 것이다.

어쨌거나 그다음 날 차라투스트라는 자신을 찾아온 권태의 예언자를 접견한다. 그는 차라투스트라의 영혼의 동요를 알아차리고 서로 손을 잡고 대화를 나눈다. 이 예언자는 차라투스트라에게 그가 너무 오랫동안 홀로 지내고 있다고 말한다. 차라투스트라는 산 아래에서 사람들이 지르고 있는 고함은 구조를 바라는 긴급한 외침이라면서, 그러나 자신은 그에 휘둘리지 않겠다고 말한다. 예언자는 차라투스트라를 구원하려는 종교적 의식을 시작하는데, 이에 놀란 차라투스트라는 '나를 구원하는 자가 누구냐'고 묻는다. 예언자는 그 구원자가 '더 높은 인간(Der höhere Mensch)'이라고 말한다. 그러나 차라투스트라는 '더 높은 인간의 도래'라는 생각을 거부하며 이렇게 말한다. "그는 나의 영역 안에 있다." 즉 더 높은 인간, 더욱 고양된 인간은 각자의 내부에 가능성으로서 존재하는 것이지, 특정한 누군가가 더 높은 인간이 되어 나타난다는 생각은 가당치 않다는 것이다.

그러나 많은 사람들은 이 '더 높은 인간'을 찾으려 애쓴다. 그는 더 높은 인간을 찾으러 온 두 명의 왕을 마주하고 또 마술사를 만나기도 한다. 그런데 이들은 뜻하지 않게 그들의 의도를 달성했다. 그들은 다름 아닌 차라투스트라를 만난 것이다. 특히 마술사는 이렇게 말한다. "모르시겠습니까, 오, 차라투스트라여? 나는 당신을 찾았습니다."(319쪽) 마술사가 찾아다니던 위대한 인간은 바로 차라투스트라라는 것이다. 그러나 차라투스트라는 이러한 생각을 거부한다. 위대한 인간은 특정한 개인일 수 없다는 것이 그의 생각이다. 그리고 지금 이 세상은 위대한 인간이 아니라 그가 '천민'이라고 부른, 노예 근성과 자기혐오, 원한 감정에 휩싸인 사람들이 다스리는 왕국일 뿐이다.

차라투스트라는 계속해서 길을 가다 늙은 교황을 만난다. 차라투스트라는 그가 사제라는 이유에서 그에게 강한 적개심을 느낀다. 그러나 그는 '은퇴한' 교황이었다. 그는 현재 신이 죽었다는 사실을 알고 있었고, 그래서 교황직을 더 이상 수행하지 않는 것이었다. 그럼에도 그는 자신이 신에 대한 관념에 사로잡혀 있어서 고통받고 있으며, 이 괴로움에서 벗어나고자 차라투스트라를 찾고 있었다고 말한다. 차라투스트라는 그에게 '신이 가도록 내버려두어라' 하고 말한다. 신은 가버렸다. 죽어버렸다. 사제는 자신의 천성을 살려 티없이 순수한 영혼으로 살아가면 되는 것이다. 차라투스트라가 보기에 신은 전지전능하지 않다. 그렇지 않다면 왜 우리는 신의 가르침을 제대로

천구를 들고 있는 조로아스터. 라파엘로의 그림 〈아테네 학당〉(1510~1511)의 일부.

이해하지 못해 죄를 저지르는가? 앞뒤 안 맞지 않는가? 그래서 우리는 이렇게 말해야 한다. "그런 신은 사라져라! 차라리 신이 없는 게 낫고, 차라리 나 자신의 주먹으로 운명을 만드는 게 낫다. 차라리 바보가 되는 게 낫고, 차라리 스스로 신이 되는 것이 낫다!"(325쪽)

　이 늙은 교황은 차라투스트라의 불신앙이 맹목적인 믿음보다 오히려 더 경건하다는 사실을 인정한다. 차라투스트라 안에 어떤 신적인 것이 존재해서 신을 믿지 않는 것이라고 보는 것이다. 그는 이 내면의 경건함으로 인해 차라투스트라는 선악을 넘어 스스로 가치와 의미를 부여할 수 있는 것이라고 말한다.

그러면서 늙은 교황은 차라투스트라에게 자신을 손님으로 맞이해달라고 부탁한다. 차라투스트라는 그를 자신의 침소인 동굴로 안내한다.

이어서 그는 산과 숲을 기분 좋게 달리다가, 어느 순간 풍경이 달라지며 죽음의 왕국이 펼쳐지는 것을 감지한다. 그것은 생명이 없는 황량한 골짜기였으며, 뱀들이 늙으면 이곳에 와서 죽음을 맞이하기 때문에 목동들이 '뱀의 죽음'이라고 부르는 곳이었다. 그곳에서 그는 누군가의 목소리를 듣는다. 그 목소리는 차라투스트라에게 자신이 누구인지 맞혀보라고 하는데, 차라투스트라는 자신이 신을 죽인 자이며 조용히 지나가도록 해달라고 말한다. 그 목소리의 주인공은 가장 추한 인간이었다. 그는 차라투스트라에게 멈추라고 말하고, 자신이 사람들의 연민에서 도망친 자라고 소개한다. 다른 사람들은 그를 마주치면 그의 추함 때문에 적선을 하고 호의를 베풀려고 하지만, 차라투스트라는 그냥 그를 지나치려 한 것이다. 그래서 그는 차라투스트라의 내적 위대함을 알아보게 된다. 왜냐하면 그가 보기에 자신은 그런 도움을 받기엔 풍족한데, 연민에 중독된 사람들은 그것을 몰라준다는 것이다. 그래서 그는 말한다. "오, 차라투스트라여, 당신의 치욕이 나를 영예롭게 했소이다!"(329쪽)

그러면서 그는 계속해서 연민을 비판한다. 차라투스트라는 그에게 자신의 동굴로 들어가서 숨을 것을 권유하고, 자신의 짐승들과 대화하며 깨우치기를 권유한다. 가장 추한 자가 그의 권유대로 동굴로 향하자 차라투스트라는 다시 길을 떠난다. 그러면서 이 가장 추악한 자와의 대화가 준 귀결을 곱씹어보게 된다. 그는 홀로 이렇게 생각한다. "인간은 얼마나 딱한가! 얼마나 추한가, 얼마나 숨에 차서 헐떡이는가, 숨겨진 치욕은 얼마나 가득 차 있는가!"(332쪽) 이 가장 추한 인간은 자신을 사랑하는 자였으며, 그럼에도 자신을 경멸할 줄 아는 자였다. 그는 위대한 사랑하는 자이자 위대한 경멸하는 자였다. 일체의 연민을 거부하는 그는 자기 자신을 극복하는 위대한 인간에게 자기애와 자기 경멸이 공존한다는 사실을 몸소 보여주고 있었다.

어느 순간 차라투스트라는 춥고 외롭던 와중에 어디선가 온기가 느껴져 가보니 암소들이 언덕 위에 모여 있었다. 그런데 암소들 가운데 어떤 사람이 앉아 있었다. 그는 산상 설교자이며, 짐승들에게 자신을 두려워하지 말라고 설교하고 있었던 것이다. 그는 암소들을 흩어지게 만든 차라투스트라를 방해꾼으로 부르고 자신은 지상에서의 행복을 찾고 있었다고 말한다. 그는 인간은 암소에게서 되새김질을 배워야 한다고 주장한다.

이를 배우지 못하는 자는 자신의 비탄에서 헤어나오지 못한다는 것이다. 그런데 이 산상 설교자는 어느 순간 차라투스트라를 알아보고 놀라워한다. 그는 차라투스트라에게 가르침을 달라고 하지만, 차라투스트라는 그 설교자의 말을 더 듣고 싶어한다. 그는 자신이 부자라는 사실이 부끄러워 전 재산을 버리고 가난을 향해 도망친 자였다. 그러나 인간들이 돈 없는 그를 거부하자 그동안 암소들과 지내온 것이다. 그는 천민과 노예 반란의 시대를 한탄하며, 천민 근성이 세상을 망치고 있다고 말한다. 가난한 자에게 천국이 있다는 말은 거짓이며 천국은 암소에게 있다고도 말한다.

차라투스트라는 이 자발적 거지에게 다음과 같이 대답한다. 그가 너무 세상을 증오하고 격분해서 위장 건강을 해칠지도 모른다. 그는 고기가 아니라 꿀을 먹고 살아야 할 것 같다는 판단에, 차라투스트라는 그에게 자신의 벌꿀을 주고 자신의 동물들을 보여주겠다고 말하면서 그가 암소들과 작별하기를 권유한다. 그러나 그가 지나치게 차라투스트라를 예찬하자 차라투스트라는 지팡이를 휘둘러 그를 자신의 곁에서 쫓아낸다. 이처럼 차라투스트라는 자신을 숭상하는 모든 자들이 아니라, 앞선 가장 추한 자처럼 자신에게 가르침을 주는 자를 친구로 규정하고 그에게서 더 많이 배우고자 하려 한다는 것을 알 수 있다.

이제 정오가 되어 잠시 단잠을 잔 후 차라투스트라는 그의 동굴로 다시 돌아갔다. 그곳에서는 북적거리며 여러 사람의 목소리가 들려왔다. 두 명의 왕, 늙은 마술사, 은퇴한 교황, 가장 추한 인간, 자발적 거지 등 그가 낮에 만난 모든 사람들이 그곳에 모여 있었던 것이다. 차라투스트라는 기뻤지만, 동시에 그는 실망했다고 말한다. 그가 기다린 것은 그들이 아니었던 것이다. 그들은 '더 높은 자들'일지 모르지만 충분히 강하거나 높지는 않다. 그들은 아낌과 보살핌을 원하므로, 전사가 되기에 적합하지 않으며 훌륭한 전쟁을 치르기에는 부족하다. 그중엔 여전히 귀족이 아니라 천민에 머무른 사람도 있다. 차라투스트라가 보기에 그들은 '다리이자 계단'이어서 많은 사람들이 그들을 통해 넘어갈 수 있을지 모르지만, 지금 그들 자신은 '높이 오른 자'가 아니다. 언젠가, 먼 훗날에는 '더 높은 자, 더 강한 자, 더욱 승리하는 자, 더욱 명랑한 자'가 올 것이다. 몸와 영혼이 모두 정갈한 그들을 '웃는 사자들'이라고 부를 수 있다.

그렇다면 더 높은 인간이란 무엇인가? 그것은 천민에 대립하는 존재다. 천민은 더 높은 인간을 인정하지 않고 만인의 평등을, 곧 '신 앞에서 인간의 평등'을 주장한다. 그러나 차라투스트라가 보기에 신도 평등도 다 거짓이다. 그것은 인간의 가치를 사고 파는 시장의 논리로 만드는 것에 불과하다. 그래서 차라투스트라는 이렇게 말한다. "천민 앞에서 우리는 평등해지기를 바라지 않는다. 너희들 더 높은 인간들이여, 시장을 떠나라!" 평등과 시장의 이상을 설파한 대표적인 학파는 '최대 다수의 최대 행복'을 주창한 공리주의자들이었다. 니체는 인간을 평등하고 단조로운 존재로, 쾌락에 반응하는 기계적 존재로 만드는 공리주의자들을 '열등한 신중함'을 가지고 인간에 대한 '모래알 같은 배려'를 행하는, '개미 떼 같은 어리석음'을 지닌 자들이라고 폄훼한다. 공리주의 철학에 대한 니체의 비판이 얼마나 철학사적으로 적합한가에 대해서는 여기에서 논하지 않겠다. 다만 그의 비판의 초점이 '동일성으로서의 평등'과 '쾌락이라는 단일한 가치로의 도덕적 환원'에 맞춰져 있다는 사실만큼은 지적할 수 있을 것이다.

이러한 더 높은 인간은 인간의 극복을 통해 가능하며, 그것은 다시금 자기에 대한 경멸을 통해 가능하다. 인간은 위대한 경멸하는 자로서 자기 초월을 수행할 수 있는 존재다. 인간은 더욱 선해지고 더욱 악해져야 한다. 고귀한 가치를 통해 스스로 고귀한 삶을 살아가야 한다는 점에서 인간은 선해져야 하고, 기존의 도덕과 종교의 가르침을 부정할 줄 알아야 한다는 점에서는 더 악해져야 하는 것이다. 그러나 오늘날은 천민들의 지배하에 세계가 신음하고 있다. 이 천민들은 진정한 가치의 의미를 알지 못하고, 무엇이 위대하고 무엇이 왜소한지를 인정하지 않으면서 거짓말만 늘어놓는 존재들이다. 따라서 천민이 되기를 거부하는 자들, 자신을 극복하고자 하는 사람, 더 높은 인간이 되고자 하는 자라면 지배적인 가치들에 대한 '선량한 불신'을 가져야 한다. 또 남의 등과 머리에 기대어 위로 오르는 것이 아니라 그 자신의 다리로 높이 올라가야 한다. 인간은 자신의 자식만을 낳는 존재이며, 따라서 이웃 사랑이라는 덕목은 인간에 걸맞지 않은 가치관이다. 반면 이기심은 창조적이며, 조심성과 예지력을 낳는다. 인간은 자신을 뛰어넘어 춤춰야 하지만, 이를 배우지 못했기 때문에 여전히 다수의 사람들이 천민으로 남아 있다. 그러므로 자신을 뛰어넘어 웃는 법, 춤을 추면서 높이 올라 다시 한번 웃음 짓는 법을 배워야 한다.

이어 동굴에 모인 사람들이 각자 한 사람씩 노래도 하고 자신의 주장도 전개하는데, 이 장면은 마치 플라톤의 『향연』을 연상시키기도 한다. 차라투스트라는 소크라테스처럼 동료들의 주장에 대해 긍정도 하지만 부드럽게 논박을 가하기도 한다. 이들의 열정에 감동을 받기도 하고, 동시에 이들이 여전히 지니고 있는 나약함과 우둔함에 실망하기도 한 차라투스트라는 양가적인 감정을 느끼며 동굴의 밖으로 나왔다. 그는 자신의 동물들에게 오늘은 승리의 날이며, 그의 불구대천지원수인 중력의 정신이 도망가버렸다고 말한다. 이 날은 어둡고 나쁘게 시작했지만, 훌륭하게 마무리되고 있는 것으로 그에게 보였다. 그러나 아름다운 장면은 여기까지다. 갑자기 사람들의 웃음소리가 그치고 동굴이 조용해졌다. 차라투스트라가 가보니 동굴에 모인 사람들이 무릎을 꿇고 당나귀에게 신앙 고백을 바치며 기도를 하고 있었다. 신을 부정하고 우상을 부정하고 인간이 스스로 자기 삶의 주인이 되라고 가르치는 차라투스트라의 사상마저도 새로운 형태의 종교로 굳어지기 쉬운 것이다. 인간은 그처럼 나약하고 어두운 면을 가지고 있는 것이다.

이른바 '당나귀 축제'가 벌어졌다. 차라투스트라는 분개했고, 특히 은퇴한 교황한테 질문을 던졌다. 교황이었던 그가 당나귀를 신으로 숭배하는 일이 어떻게 가능하냐는 것이었다. 늙은 교황이 말하길, 신에 대해서만큼은 그가 좀 더 잘 알고 있다는 것이다. 그는 형상 없는 신을 숭배하는 것보다 형상 있는 당나귀를 숭배하는 것이 더 쉽다고 덧붙였다. 차라투스트라는 그곳에 모인 한 사람 한 사람을 지칭하며 '네가 어떻게 그럴 수 있느냐'고 따지는데, 이에 각자 변명 아닌 변명을 늘어놓는 것이었다. 그들은 차라투스트라가 말한 가르침을 차라투스트라에게 되돌려주며 자신들의 행위를 정당화했다.

차라투스트라는 동굴 밖으로 나가 한탄을 했다. 그가 맨 처음 사람들에게 설파한 것처럼 인간은 어린아이가 되어야만 순수한 긍정의 눈으로 세계를 바라볼 수 있다. 그러나 어린아이가 된다는 것에는 양면성이 있다. 동굴에 모인 사람들을 어린아이처럼 순수하게 만든 그의 행위가 그들의 내면에 '경건함'에 대한 소망을 낳았고, 이것이 그들로 하여금 우상 숭배라는 잘못된 길을 가게 만들었다는 것이 차라투스트라의 평가였다. 그러한 어린아이의 순수 긍정은 너무나 쉽게 새로운 신에 대한 요청이라는 방식으로 타락하고 말았다. 그들은 애초에 차라투스트라를 신처럼 숭배하고 싶어했다. 그러나 차라투스트라가 이를 거부하자 이번에는 스스로 그들이 복종해야 할 우상을 만들어낸 것이다. 그래서 이제 차라투스트라는 동굴 속에 모인 그의 친구들에게 떠나라고 말을 한다.

그러나 이러한 한심스러운 상황에서도 차라투스트라는 그의 친구들이 축제를 고안해낸 것을 긍정적으로 해석한다. 건강한 축제는 좋은 징조임에 틀림없다. 그래서 그는 이 축제를 다시 한번 벌이라고 조언한다. 이번에는 우상을 위한 축제가 아니라 그대들과 나를 위한 축제가 되어야 한다고 말이다.

시간은 늦은 밤 자정이 다 되어가고 있었다. 차라투스트라가 그들을 쫓아냈기에, 이제 한 사람씩 밤의 추위 속으로 걸어나가고 있었다. 그때 가장 추한 인간이 최후의 고통스러운 숨을 가쁘게 몰아쉬었다. 그는 이 하루가 전 생애에서 가장 만족스러운 하루였다고 말한다. 즉 차라투스트라가 이전에 말한, "그것이 삶이었는가? 그래 좋아! 이제 다시 한번!"이라는 표현이 뜻하는 바를 깨닫게 되었다는 것이다. 그렇게 말하는 사이에 그는 다시 건강해졌다. 사람들은 그것이 차라투스트라의 힘 때문이라고 생각했다. 그런데 이런 일이 일어나는 동안 차라투스트라는 혼자 생각에 사로잡혀 있었다. 그러고는 그를 따르는 무리에게 이렇게 말했다. "오라! 오라! 오라! 이제 거닐자꾸나! 시간이 되었다. 밤 속으로 거닐자꾸나!" 그러고 나서 차라투스트라는 세계의 영원함을 예찬하고, 이것을 사랑해야 한다고 다시 한번 강조했다. 특히 그는 밤을 거닐면서, 밤이 주는 어둠조차 그 깊이를 예찬해야 한다고 말한다. 이제 죽을 나이가 된 노년의 차라투스트라는, 불타오르는 낮과 청춘의 정열이 식은 뒤에도, 밤이라는 시간이 주는 의미에 감탄하고 있다. 밤에는 낮에 들을 수 없는 속삭임을 들을 수 있고, 우리에게 깊이 있는 성찰을 할 수 있게 해준다. 우리는 내세가 아니라 지금 당장을, 그리고 고통이 아니라 쾌락을 예찬해야 한다. 차라투스트라는 이렇게 쾌락을 예찬한다.

모든 쾌락은 모든 사물의 영원함을 바라고, 꿀을 바라고, 효모를, 술 취한 자정을 바라고, 무덤을, 무덤-눈물-위안을 바라고, 황금빛 저녁놀을 바란다.

무엇인들 쾌락을 바라지 않겠는가! 쾌락은 모든 고통보다 더 목마르고, 더 간절하고, 더 굶주리며, 더 끔찍하고, 더 은밀하다. 쾌락은 자신을 원하고, 자신을 물어뜯으며, 격투의 의지가 쾌락 안에서 분투하고 있다.

쾌락은 사랑을 원하며, 쾌락은 증오를 원한다. 쾌락은 무척이나 풍요롭고, 베풀고, 없애 버리고, 누구나 자신을 갖기를 애걸하며, 그 사람에게 감사한다. 쾌락은 기꺼이 미움받기를 좋아한다.

쾌락은 풍요로우며, 그리하여 고통을, 지옥을, 증오를, 치욕을, 장애를, 세계를 열망한다. 왜냐하면 이 세계는, 오 그대들은 이 세계를 잘 알고 있지!

너희 보다 높은 인간이여, 구속되지 않는, 지복의 쾌락이 너희들을, 너희의 고통을 갈망한다. 너희 실패한 자들이여! 모든 영원한 쾌락은 실패한 자들을 갈망한다.

모든 쾌락은 자신을 원하며, 따라서 마음의 고통도 원한다!

오 행복이여, 오 고통이여! 오 부서져라 마음이여! 너희 더 높은 인간이여, 그럼에도 배우도록 하라. 쾌락은 영원을 원한다는 것을.

쾌락은 모든 사물의 영원함을 원하며, 깊은, 깊은 영원함을 원한다!(403쪽)

그러면서 그는 영원함을 예찬하는 내용으로 자신이 만든 '다시 한번'이라는 제목의 돌림노래를 다들 따라 부르라고 제안했다. 이 노래가 실려 있는 4부의 마지막 부분의 소제목을 따라 '밤 나그네의 노래(Nachtwandlerlied)'로도 알려져 있는 이 시구는 훗날 구스타프 말러(Gustav Mahler, 1860~1911)의 3번 교향곡 4악장에 수록되기도 했다. 또 이 시 구절들 중 '고통은 말한다: 사라지거라'는 아도르노의 『부정변증법』에 그대로 인용되기도 했다. 전체 노래 가사는 다음과 같다.

오, 인간이여! 조심하라!

깊은 자정은 무엇을 말하는가?

'나는 잠들었다, 나는 잠들었다.

깊은 꿈에서 나 깨어났네

세상은 깊고,

낮이 생각했던 것보다도 더 깊다.

너희의 고통은 깊다.

쾌락 —— 마음의 고통보다 훨씬 더 깊다.

고통은 말한다: 사라져라!

그러나 모든 쾌락은 영원을 원한다.

깊고 깊은 영원을 원한다!'(404쪽)

아침이 되었다. 차라투스트라는 일어나서 동굴 밖으로 나갔다. 그를 따르던 무리들은 흩어지지 않고 아직도 동굴 안에서 잠을 자고 있었다. 어느 순간 새들이 푸드덕거리며 날아가고 이어 사자가 포효를 했다. 차라투스트라는 이것을 일종의 신호이자 조짐으로 해석한다. 사자는 동굴을 향해 돌격했고, 동굴 안에 있던 사람들은 도망쳐 사라져버린 것이다. 잠시 놀라 기억상실에 빠졌다가 다시 차라투스트라는 어제 늙은 예언자가 자신에게 했던 말을 기억한다.

그 예언자는 차라투스트라에게 그에게 여전히 '마지막 죄'가 남아 있다고 말한 것이다. 그 마지막 죄란 무엇인가? 차라투스트라는 깊은 생각에 빠져 결국 답을 알아냈다. 그것은 더 높은 자들에 대한 연민이었다. 이제 차라투스트라는 그러한 연민조차 끝내버리고 오로지 자기 자신의 삶을 살아가기로 결심한다. "나는 나의 작품을 위해 노력할 것이다!" 이제 그의 때가 도래했다.

보라! 사자가 왔다. 나의 아이들이 가까이에 있다. 차라투스트라는 성숙했고, 나의 시간이 도래했다.

이것은 나의 아침이다. 나의 낮이 시작된다. 이제 위로 올라라, 위로 올라라 너 위대한 정오여!(408쪽)

이렇게 말한 뒤 차라투스트라는 그의 동굴을 떠났다. 그리고 『차라투스트라는 이렇게 말했다』는 이렇게 막을 내린다.

이처럼 4부에서는 차라투스트라의 새로운 사상이 제시되기보다는, 그가 1, 2, 3부에서 제시한 사상들이 어떻게 현실에서 좌절되고 새로운 우상으로 변질되는가는 살펴보며, 또 차라투스트라 스스로 자신의 사상이 지닌 연민의 요소를 찾아내고 자기반성에 도달하는 과정을 그리며 막을 내리고 있다. 니체는 왜 굳이 책에 이런 내용을 장황하게 삽입했을까? 그것은 차라투스트라의 가르침조차 새로운 우상이 될 수 있다는 경고를 독자들에게 하려고 했던 의도에서라고 이해해볼 수 있지 않을까? 결국 니체가 하려는 주장은, 위대한 정오를 향해 존재를 고양시키려는 자신의 삶을 사랑해야지, 특정한 현자나 사상가, 철학자의 위대한 주장에 현혹되어 그러한 사상과 철학을 숭배하는 순간 그것이 새로운 우상이 될 수 있음을 경고하려는 것이라고 이해해볼 수 있을 것이다. 이처럼 삶의 철학자, 생철학

생철학

생 또는 삶을 철학의 주요 탐구 대상이자 서술 대상으로 삼아야 한다고 보았던 철학 사조를 말한다. 19세기 후반 기계 문명의 확산과 과학적 실증주의의 대두 속에서 인간의 삶의 의미와 가치들이 퇴조하고 있다고 보는 철학자들이 이 사조의 주요 흐름을 이룬다. 따라서 생철학자들은 개념적 사유의 우위를 통해 삶을 들여다보는 관념론 철학이나 과학 법칙의 틀 속에서 삶을 종속적 지위로 파악하는 실증주의적 관점 모두에 반대했다. 다만 생철학을 전개한 철학자들마다 생 또는 삶을 바라보는 관점이 달라지게 되므로, 어떤 철학자는 관념론적 강조점을, 어떤 철학자는 유물론적 강조점을 갖는 차이를 보인다. 니체 역시 유물론적 경향의 생철학자의 대표 주자라고 분류될 수 있으며, 그 외에도 생철학자에는 쇼펜하우어, 베르그송, 딜타이 등이 포함된다. 이후 이 철학 사조는 20세기 들어 현상학, 그리고 이후에는 실존주의 철학의 성립에 결정적인 영향을 미치게 된다.

자로서 니체는 이론과 사상 그 자체보다도 그것을 무기로 삼아 실행에 옮겨야 할 인간의 새로운 삶을 노래하고 싶어했던 철학자였던 것이다. 그래서 니체는 끝없이 좌절하는 차라투스트라의 모습을 보여주고, 그러면서도 그 좌절 안에서 새로운 희망과 자기 극복의 요소를 발견하는 차라투스트라의 불굴의 의지와 구도자적 모습을 묘사하면서 우리에게 그를 닮아가라고 말한 것이 아닐까. 결국 니체가 차라투스트라를 통해 전달하려고 하는 것은 위버멘쉬의 삶을 살아가고 그것에 도달하는 일이 얼마나 어려운가 하는 것이다. 그럼에도 니체는 우리에게 좌절에 빠져 허우적대지 말고 위대한 자기애와 위대한 자기

에드바르 뭉크의 「프리드리히 니체의 초상화」(1906).
뭉크는 생전에 니체를 만난 적이 없지만, 니체의 사상을 접하고 공명을 나누었다.

경멸을 동시에 수행하면서 더 나은 존재로 거듭나기를 게을리 하지 말라고 충고하고 있다.

이러한 니체의 사상은 우리에게 커다란 감동을 준다. 우리는 우리의 삶을 얼마나 사랑하면서 살았던 것일까? 또 우리는 우리 자신의 존재를 고양시키려고 얼마나 노력했을까? 이런 질문을 제기하면서 이 책을 읽는다면 그것은 독자에게 커다란 숙고의 계기를 제공할 것이다. 그럼에도 이 책이 제기하는 논쟁적인 쟁점들에 관해서 독자들이 반드시 니체의 모든 주장들을 옹호할 필요는 없을 것이다. 때로 니체의 주장은 지나치게 강인함을 숭배하고 지나치게 전쟁을 미화하고 지나치게 연민과 평등을 부정한다는 평가를 받을 수도 있을 것이다. 그럼에도 필자가 이 책에서 보여주고자 했듯이, 『차라투스트라는 이렇게 말했다』에서 전개되는 니체의 사유에 대한 해석의 가능성은 늘 열려 있다. 독자는 반드시 니체주의자가 되지 않으면서도 니체의 사상에서 배울 수 있고, 니체를 비판하면서도 그의 사유의 어떤 요소들을 수용할 수도 있다. 그것은 여러분의 몫이고, 우리 모두의 과제로 남아 있다.

3장

철학의 이정표

첫 번째 이정표

『니체』
뤼디거 자프란스키,
오윤희·육혜원 옮김, 이화북스, 2021

니체 입문서들

니체 철학은 철학사적으로 거대한 발자취를 남겼다. 고대 그리스에서 비롯하는 이성중심주의 형이상학, 그리고 기독교와 접목된 도덕과 양심 개념, 또 근대적 주체의 합리성에 대한 믿음과 과학에 대한 맹신 등 니체의 철학 비판 혹은 비판적 철학은 이후 현상학, 실존주의뿐만 아니라 프랑크푸르트학파의 비판 이론, 프랑스의 포스트 구조주의 등 현대 철학의 여러 사조들이 전개되는 데 결정적인 영향을 미쳤다.

필자는 그중에서도 니체 철학에 대한 하이데거의 수용 방식과 들뢰즈의 수용 방식을 비교하면서, 이 두 방식과 나란히 자신의 니체 해석을 전개한 바디우의 니체론을 검토해보고자 한다. 이러한 니체 수용사에 대한 검토는 니체 철학이 무엇을 전복하려 했는가를 둘러싼 논쟁으로 연결될 것이다. 그 전에 우선 니체 입문서에 대한 간략한 소개부터 논의를 시작하도록 하자.

니체 사상에 입문하기 위해서는 니체의 생애에 대해서 알아야 한다. 이 부분에서 가장 널리 읽히는 책 중 하나는 철학 에세이스트인 뤼디거 자프란스키가 쓴 니체 전기로, 원래 이 책은 『니체: 그의 생애와 사상의 전기』라는 제목으로 문예출판사에서 2003년 출간되었다가 절판된 뒤, 지금은 『니체: 그의 사상의 전기』라는 제목으로 2021년 이화북스에서 개정판이 나온 상태다. 이 책에서는 니체의 생애를 소개하면서 그의 삶 속에서 그의 철학 사상이 어떻게 흘러나오게 되었는지를 매우 흥미롭게 조명한다.

니체 철학의 주요 개념들에 대한 개괄적 설명으로는 키스 안셀 피어슨이 쓴 『HOW TO READ 니체』(서정은 옮김, 웅진지식하우스, 2007)를 추천할 수 있다. 이 책은 『비극의 탄생』, 『인간적인 너무나 인간적인』, 『즐거운 학문』, 『도덕의 계보학』, 『차라투스트라는 이렇게 말했다』, 『이 사람을 보라』 등 니체의 주요 저작들에 담긴 핵심적 메시지를 매우 간결하고 쉬우면서도 풍부한 설명을 곁들여 독자에게 제시하고 있다.

이 밖에도 고병권의 『니체의 위험한 책, 차라투스트라는 이렇게 말했다』(그린비, 2003)나 고명섭의 『니체 극장』(김영사, 2012) 등 국내 저자들이 쓴 니체 입문서도 독자들에게 도움이 될 것이다.

그렇다면 전문적인 철학자들이 자신의 철학에 비추어 평가하고 반추해보는 니체에 관한 저작들은 어떤 것들이 있을까?

두 번째 이정표

『니체』(전2권)
마르틴 하이데거, 박찬국 옮김, 길, 2010/2012

하이데거의 니체

하이데거는 1930년대 중반 프라이부르크 대학 세미나 강의를 묶어낸 책『니체』에서 니체를 반철학적 철학자로 규정하기보다는 철학의 연장선에 서 있는 존재론자로 고찰한다. 예컨대 니체가 강조하는 '힘에의 의지'라는 개념은 존재론적 물음, 즉 존재자란 무엇인가라는 물음에 대한 답으로 제시되고 있다. 그런데 바로 이런 물음이야말로 전통적으로 철학이 던져왔던 바로 그 물음이 아니었던가. 하이데거가 보기에 가장 근본적으로 니체가 제기하는 존재론적인 개념은 '힘에의 의지'와 '동일한 것의 영원회귀'다.

물론 하이데거는 니체의 새로움 역시 발견될 수 있다고 말한다. 니체는 '존재의 본질에 대한 물음으로서 근본 물음'을 제기하고 있으며, 그런 의미에서 존재 그 자체의 의미에 대해 탐구하지 않았던 기존 서양 존재론의 틀을 넘어서고 있었다. 어쨌거나 니체는 서양 사상의 전승을 집약, 완성한 철학자라고 하이데거는 보고 있다. 따라서 니체와의 대결은 곧장 서양 사상과의 대결이 될 것이다.

이처럼 하이데거는 서양 철학의 가장 근원적인 물음이었던 존재의 본질과 의미에 관한 물음을 제기한 존재론적 철학자로서 니체를 해석해낸다. 그에 따르면 니체에게서 진리란 언제나 참된 것, 본래적인 존재자가 무엇인가 하는 물음과 연결되어 있다. 또 니체에게서 이성이 아닌 의지와 감성이 형이상학의 주요 개념이 되기 때문에 니체에게서 존재 물음은 언제나 예술과의 대결 속에 펼쳐지게 된다. 그리하여 하이데거가 보기에 니체의 '초인'은 철학이라는 의미에서 '인식의 엄밀함'을 통해 그리고 미학적인 의미에서 '창조의 위대한 양식'을 통해 존재를 새롭게 근거짓는 그러한 인간을 말한다. 결국 초인이란 철학과 예술이 통합된 인간 존재의 새로운 유형에 대한 정당화를 말하는 것이다. 그리고 철학과 예술의 통합은 존재자의 본질을 이해하기 위해 반드시 필요한 두 축을 이룬다.

앞서 본 것처럼 하이데거는 니체의 '동일한 것의 영원회귀'를 니체 사상의 핵심으로 규정한다. 그것은 존재자에 대한 다른 학설들과 나란히 병렬적으로 놓일 수 있는 하나의 학설일 뿐만 아니라, 플라톤적-그리스도교적 사유 방식과 그것이 근대에 미친 영향에 대한 가장 혹독한 대결에서 비롯한 것이라는 것이 하이데거의 설명이다. 그리고 이를 하이데거는 자신의 결단론적 철학과 연결시킨다. 즉 영원회귀 사상의 본질은, 미래에 일어나는 일은 지금 이 순간 나의 결단에 따라 결정될 문제이며, 영원한 순환이란 어떤 무한한 시간이라는 명제로서 중요한 것이 아니라, 하나의 투쟁이 벌어지는 순간에 막을 내리는 어떤 것으로 제시된다는 것이다.

따라서 영원한 것의 회귀에서 무엇이 회귀할지는 현재에 부딪쳐오는 것을 극복하는 힘이 특정한 순간에 어떻게 펼쳐지느냐에 따라 결정된다. 그러므로 단지 영원한 순간이 존재한다는 것이 아니라, 그러한 일순간이 오히려 미래와 과거가 부딪쳐 형성되는 '충돌'이라는 것이 니체의 영원회귀설에서 가장 중요하고 근원적인 가르침이라고 하이데거는 보고 있다. 정리하자면 니체 영원회귀설의 핵심은 결단과 투쟁에 있다는 것이다. 이를 말해주는 단어가 니체의 '순간(Augenblick)'이다.

그러나 영원회귀가 결단과 투쟁의 개념이며, 그러한 힘들 사이의 투쟁이 벌어지는 순간이라는 개념이 중요하다고 해서 니체의 힘을 단순한 물리적 개념으로 환원해버리고, 그에 따라

부정신학

전통적인 신학은 신 존재 증명이라는 철학적 과제를 수행했다. 그리하여 신을 증명하기 위한 다양한 논거들이 중세 스콜라 철학에 등장했는데, 이에 반해 부정신학자들은 신의 존재를 입증하는 것보다 신의 부재가 불가능함을 증명하는 방식의 논증이 훨씬 쉽고 더 정합적이라고 말한다. 예컨대 눈에 보이지 않고 직접적으로 경험되지 않는 신의 존재를 증명하는 것은 매우 어렵지만, 신이 존재하지 않는다고 가정할 때 이 세계의 운행 원리 중 설명되지 않는 것들이 존재한다는 식의 부정적인 신 존재 증명은 훨씬 논리적으로 간명하고 정합적이다. 그러나 헷갈리면 안 되는 것은, 여기서 말하는 부정신학은 어디까지나 신의 존재를 부정적 방식의 논증을 통해 증명하고자 하는 것이지, 무신론이나 불가지론처럼 신의 존재를 부정하려는 의도를 갖는 것이 아니라는 점이다. 중세에 부정신학은 긍정신학을 보충하는 의미에서 분석되고 이해되었다. 그러나 이후 부정신학의 전통은 현대 철학에서 '신 없는 신학' 또는 '메시아 없는 신학', 나아가 '세속화된 신학'이라는 의미로 확장되어 이해되기도 한다. 이 경우 부정신학은 신의 존재를 상정하지 않고도 신적인 것을 논의하는 이론적 흐름이라는 의미를 갖는다.

니체의 영원회귀설을 일종의 물리학 이론으로 만드는 것 역시 오류일 뿐이다. 하이데거가 강조하는 것처럼 여기서의 결단과 투쟁은 인격적 의지가 개입된 개념들이다. 그리고 창조 자체가 의지라는 설명 속에는 어느 정도 신학적 요소가 짙게 배어 있다는 것이 하이데거의 해석이다. 하이데거가 보기에, 니체의 세계 전체에 대한 시각은 '그리스도교 신 없는 부정신학'이다. 왜냐하면 영원회귀 사상의 가장 중요한 특징은 '신앙', 즉 믿음의 문제를 제기한다는 데에 있기 때문이다. 즉 영원회귀는 논리적 증명의 문제도 아니고, 과학적 추론의 문제도 아니다. 세계가 영원한 것처럼 믿고 그에 따라 창조적으로 살아가라는 믿음의 가르침이 중요한 것이다. 물론 하이데거는 니체에게서 또 다른 종교를 읽어내려 하는 것이 아니다. 그럼에도 하이데거는 니체에게서 '인식=창조=사랑'의 삼위일체를 읽어내는 것 역시 가능하다고 말함으로써, '신 없는 신학'으로서 니체 철학을 해석할 여지를 남겨놓는다. 이처럼 하이데거에게서 니체는 철학, 신학과의 단절이 아니라, 새로운 철학을 통해 기존 철학을 계승하고, 신 없는 신학을 통해 새로운 신학을 써내려가는 사상가로 인식된다. 니체는 우리가 싸워야 할 사상들만을 알고 있다. 그러나 그러한 싸움은 어디까지나 '나와 적의 동등한 성장'이라는 맥락에서의 적대이며, 그런 의미에서 니체에게 철학과 신학은 그것과 함께 자신의 사상이 고양되어야 하는 그러한 의미의 적수인 것이다.

나아가 하이데거는 니체의 영원회귀를 니힐리즘(허무주의)의 관점에서 파악한다. 하이데거가 보기에 니체 철학 전체는 니힐리즘이라는 사태를 경험한 내용으로부터 비롯한 것이다. 그러나 동시에 니체의 철학은 이러한 니힐리즘의 경험을 우선 명확히 드러내고 그것의 의의를 보다 투명하게 제시하고자 한다. 니체 철학이 전개되는 과정에서 동시에 니힐리즘의 본질과 힘이 더욱 깊이 분석되며, 그것을 극복해야 할 절박성과 필연성 역시 제시된다. 결국 니체의 근본 사상인 영원회귀설은 바로 이 니힐리즘의 경험과 그것의 본질에 대한 앎이라는 맥락에서 파악될 수밖에 없다. 하이데거가 보기에, 모든 것이 영원하게 반복된다는 철학적 '선언'은 니힐리즘의 경험을 넘어서기 위한 토대를 이룬다고 할 수 있다.

그럼에도 불구하고 하이데거는 니체의 이 영원회귀 사상이 니체 자신의 형이상학적 토대를 놓는 과정에서 '서구 철학의 종말'을 선언하는 텍스트라고 밝힌다. 이에 반해, 형이상학의 완성자로서 니체의 면모가 드러나는 개념은 '힘에의 의지'다. 하이데거는 이 개념에 이르러 니체가 '서양의 최후 형이상학자'가 된다고 밝히고 있다.

하이데거는 '힘에의 의지'를 니체의 유일한 사상이라고 부른다. 이것이 뜻하는 바는, 니체의 또 다른 사상인 '동일한 것의 영원회귀'가 필연적으로 힘에의 의지에 포함되어 있다고 보아야 한다는 것이다. 힘에의 의지와 동일한 것의 영원회귀라는 이 두 사상은 동일한 내용을 말하고 있고 존재자 전체가 갖는 동일한 근본적 성격을 표현하고 있지만, 그럼에도 그것의 더욱 근원적인 내용은 힘에의 의지에서 나타나고 있다는 것이다.

하이데거가 보기에 이 힘에의 의지 개념에서 중요한 것은, 앞에서도 언급되었듯 니체의 힘(Macht)을 물리적인 힘(Kraft)으로 규정하지 않는 것이다. 니체의 힘이란 물리적인 힘이 아니다. 그것은 오히려 정의의 본질을 이루는 개념이다. 하나의 힘이 정의가 될 수 있는 이유는 그것이 여러 힘들 가운데 또 하나의 힘이 아니라, 이 모든 다른 힘들 사이에 있으면서도 이 모든 힘들을 넘어서는 힘을 발휘하는 힘이기 때문이다. 그것은 '하나의' 힘이되, 다른 모든 힘들과 달리 처음으로 명명되고 규명되어야 할 힘이다. 하이데거는 이 하나의 힘이 '최고 대표자'가 갖는 최고의 힘, 유일한 힘을 의미한다고 말한다. 그리고 의지와 힘이 동일한 사태의 두 이름이기 때문에, 힘에의 의지는 가장 근원적인 의미에서의 형이상학적 명제를 이루며 유일한 본질을 표현하고 있다.

여기서 드러나듯 하이데거의 니체 해석은 결국 니체의 '힘에의 의지'를 나치즘에서 언급하는 '총통의 의지'와 연결하려 한다는 강한 의구심을 낳는다. 실제로 하이데거가 니체 세미나를 진행한 1930년대 중반 그는 프라이부르크 대학 총장직을 내려놓지만 나치 당적을 유지하고 있었다. 그가 니체의 영원회귀설을 결단과 투쟁의 관점에서 해석한 것 역시 매우 영웅사관적인 해석이라는 비판을 받기도 한다. 나아가 니체의 사유를 전통적인 철학과 신학을 전복적 방식으로 계승하고 있다는 그의 명제는 훗날 여러 철학자들의 비난으로 이어진다. 다음에 살펴볼 질 들뢰즈의 니체 해석은 이러한 하이데거의 니체 해석에 정면으로 대립한다.

『니체와 철학』
질 들뢰즈, 이경신 옮김, 민음사, 2001

들뢰즈의 니체

프랑스 현대 철학자이자 후기구조주의 철학자 질 들뢰즈 (Gilles Deleuze, 1925~1995)는 그의 저서 『니체와 철학』에서 힘 개념을 주체적, 인격적 의지에 관련된 개념이 아니라, 관계적인 개념으로 정의한다. 그에 따르면, 모든 힘은 다른 힘들과의 관계 속에 존재하며, 따라서 힘은 언제나 하나의 힘이 아니라 복수의 것으로 존재하는 것이다. 그런데 니체에게서 힘이 의지로 불리는 것은, 이렇게 힘이 복수로, 다수적으로, 다른 힘들과의 관계 속에 존재하려는 의지를 갖는다는 사실을 의미하는 것이다. 따라서 하이데거와 달리 들뢰즈가 보기에, 니체의 의지의 철학에서 중요한 강조점은 결단주의적 자세가 아니라, 다원주의에 있는 것이다.

또 들뢰즈는 이 저작에서 니체를 차용하여 자신의 반변증법적 철학을 과감하게 전개해나간다. 그 이전까지 프랑스의 철학계에서 마르크스주의의 영향하에 받아들여지고 있었던 헤겔 변증법의 유산과 싸우고자 했던 그는, 니체 철학에서 드러나는 절대적 반변증법을 그의 사유의 가장 핵심 고리로 내세우면서, '니체는 반헤겔주의자'라는 사실을 강조한다. 그렇다면 어째서 니체는 반헤겔주의자인 것인가? 헤겔의 변증법 철학에서는 진리란 언제나 자신의 현재를 부정해나가는 의식의 운동 과정으로 묘사된다. 즉 자기 자신의 모순과 분열을 인식하고 이를 넘어 새로운 상태로 고양되는 과정이 변증법인 것이다. 따라서 변증법 철학은 부정성을 중시하고 부정성에서 출발할 수밖에 없다.

들뢰즈가 보기에 이 때문에 변증법은 현존의 본질을 부정성에서 찾는다. 반면 니체는 부정, 대립, 모순의 철학자가 아니다. 그는 향유의 철학자이며, 차이의 실천적 요소로 부정성의 요소를 대체해버렸다. 니체가 말하는 힘에의 의지는 이 같은 자신의 차이에 대한 긍정을 나타내며, 이는 차이의 요소를 모순이라는 범주로 파악해서 그러한 모순이 사라져야 할 것, 사유의 운동을 통해 극복되어야 할 것, 새로운 상태로의 이행을 추동하는 것이라고 바라보는 헤겔과 변증법 사상가들과 대립한다.

헤겔 변증법

헤겔에게서 변증법은 진리를 찾아나가는 의식과 존재의 발전 과정을 일컫는다. 대개 그 과정은 정-반-합이라는 삼각형 도식과 부정의 부정, 대립물의 통일이라는 논리적 방법으로 이해되지만 사실 헤겔은 그러한 도식화된 정의를 단 한 번도 사용한 적이 없다. 어쨌거나 헤겔 변증법적에서 의식의 발전 과정이 부정성(대립, 모순)을 주요 계기로 삼아 이루어지며, 이 과정은 언제나 부정성을 통해 분열된 상태를 다시 종합하는 지양(aufheben)의 단계를 거치게 된다. 여기서의 지양을 뜻하는 독일어 동사 아우프헤벤(aufheben)은 1) '폐지하다' 2) '보존하다'라는 완전히 상반된 두 뜻을 내부에 포함하고 있으며(그 자체로 모순적이다), 어원 자체는 3) '끌어 올리다'라는 뜻을 갖고 있다. 그러니까 변증법 철학에서 지양이란, 의식의 현재 상태의 어떤 요소를 폐지하고, 그러나 이를 통해 그 상태의 합리적 핵심을 보존하며, 이 과정에서 의식이 새로운 상태로 고양된다는 세 가지 뜻을 모두 가지고 있다. 이처럼 헤겔 변증법은 분열과 모순을 통한 새로운 종합이라는 요소를 강조하며 이를 통해 총체성과 절대성에 도달하려는 철학적 목적을 가지고 있다. 그것은 현재의 상태에 대한 비판적 대결이라는 점에서 비판적 철학적 자세를 내포하고 있으나, 그러한 총체성과 절대성으로의 강조로 인해 다시금 현재를 정당화하는 악순환에 빠진다고 비판을 받기도 한다. 후자의 비판을 가한 것은 청년 마르크스와 비판 이론가 아도르노다.

또 헤겔 변증법은 주인과 노예의 변증법을 강조하는데, 이와 같은 헤겔 변증법은 결국에서는 주인에 대한 노예의 승리를 밝혀낸다는 점에서 노동의 철학에 머물러 있다. 그러나 들뢰즈가 보기에 니체는 현존의 변증법적 이행이 아니라, 현존 그 자체의 긍정성을 주장한다는 점에서 경험주의자이며, 니체의 경험주의는 노예의 노동이 아니라 주인의 향유를 예찬하는 주인의 철학이다. 헤겔 변증법에서의 주인과 노예의 변증법이 철저하게 노예의 관점에서 사유되고 있다면, 니체는 그러한 노동의 부정성에서 벗어난 향유하는 삶을 긍정하는 메시지를 디오니소스를 통해 전달하고 있다.

그래서 들뢰즈는, 니체에게 신학이 있다면 그것은 디오니소스적 긍정의 신학일 것이라고 말한다. 디오니소스는 고통을 긍정하고, 고통조차 쾌락으로 만드는 절대적 긍정의 신이다. 니체 철학은 심연의 깊이에서 사유하되, 심연의 고통에 자신을 내맡기지 않으며, 오히려 그러한 심층적 사유로부터 차이와 긍정의 존재론을 도출해낸다. 현존을 고통의 관점에서 사유하는 것은 기독교의 전통으로, 십자가에 못 박힌 예수의 상은 바로 그러한 고통스러운 육체를 대변한다. 반면 디오니소스의 풍만한 신체와 격정적인 향유는 이 예수 그리스도의 신학 전승에 정면으로 대립한다. 그런데 이러한 디오니소스와 예수의 대립은 변증법적 대립이 아니라, 변증법 자체와의 대립을 의미하는 것이다. 니체는 부정과 허무주의에 대한 단호한 반대를 통해 차이에 대한 절대적 긍정을 철학적으로 표명하고 있다는 것이 들뢰즈의 주장이다.

이러한 들뢰즈의 주장은 니체가 니힐리즘의 경험을 표현하고 있다는 하이데거에 대립한다. 니체는 고통 그 자체마저 향유의 대상으로 만드는 절대적 긍정의 철학자라는 것이다. 또 니체가 서양 철학의 형이상학 전통을 계승하고 있는 '최후의 철학자'라는 하이데거의 주장 역시 들뢰즈에 의해 반박된다. 들뢰즈가 보기에 니체는 또 다른 형이상학자가 될 수 없다. 왜냐하면 모든 형이상학은 초감각적 세계를 추종하면서 현존의 부정에 이바지하고 이런 맥락에서 허무주의적이기 때문이다. 허무주의적이지 않은 형이상학은 존재하지 않는다. 그런 의미에서 모든 형이상학은 니체가 반대했던 복수심과 원한 감정의 산물이다. 그것은 금욕적 이상의 관점에서, 원한과 가책의 관점에서 사유해온 서구적 사유 전통일 뿐이다.

그러나 이에 반해 니체에게서 욕구는 창조적인 힘이며 의지는 기쁨이다. 즉 니체에게 의지란, 결단을 내리는 고뇌하는 자의 의지가 아니라, 즐거운 것을 얻기 위한 나의 생산적인 힘을 지칭하는 말인 것이다. 니체가 신의 죽음을 선언한 것은 동시에 부정성을 추방하기 위한 것이었으며, 결국 니체는 긍정 자체를 긍정하는 절대적 긍정의 힘의 철학을 전개했던 것이다.

이처럼 들뢰즈의 니체는 반철학, 반형이상학, 반허무주의, 반변증법을 전개하는 전복적 사상가로 그려진다. 이러한 (철학, 형이상학, 허무주의, 변증법에 대한) 전선 속에서 드러나는 것은 차이의 순수 긍정을 주장한 철학자로서의 니체의 면모이며, 이런 의미에서 들뢰즈는 자신을 니체의 '차이의 철학'과 '반변증법'을 계승한 철학자로 이해하고 있다.

『알랭 바디우 세미나: 프리드리히 니체』
알랭 바디우, 박성훈 옮김, 문예출판사, 2023

바디우의 니체

프랑스 정치철학자 알랭 바디우에게 니체의 텍스트는 다소 민감하고 불편한 텍스트임이 분명하다. 그는 『사도 바울』이라는 책을 출간할 정도로 기독교 메시아주의를 긍정적으로 수용하여 그로부터 정치적 해석을 가하는 철학자다. 그런 그가 니체의 반기독교를 마주한 난감함을 『알랭 바디우 세미나: 프리드리히 니체』에서 솔직하게 고백하고 있다. 그러나 그는 이 니체를 과감하게 수용하고 니체주의자가 되기로 결정한다. 그러면서 그는 그에 앞서는 들뢰즈와 하이데거의 니체 수용이 갖는 각각의 고유한 장점을 자기화한다. 이를 통해 그가 드러내고자 하는 것은, 철학적, 정치적 전복을 수행한 철학자로서 니체의 모습이다.

그는 먼저 '반철학적 철학자'로서의 니체가 어떻게 가능한가 하고 묻는다. 그의 답변은, 니체는 철학자-예술가라는 새로운 유형을 만들어냈다는 것이다. 니체에게 예술은 주체적 유형이며, 작품에 앞서는 예술가의 형상으로 묘사된다. 이러한 독특한 니체 철학의 특징은 니체의 텍스트들이 갖는 고유성에 대한 설명으로 이어진다. 니체 텍스트의 특징은, 그것이 교설적 지형이 아니라 선언적 요소를 채택한다는 것이며, 이 때문에 그것이 사건적인 형상을 그려낸다는 것이다. 니체는 선언한다. 그는 '신은 죽었다'고 선언하며, '낡은 서판을 부숴버려라!' 하고 선언한다. 그의 주장들은 논증에 기초해 있지 않고 우화를 통해 긍정적 방식으로 선언된다. 바디우가 보기에는 그러한 선언적 언명들의 수행이 곧 철학에서 일어나는 사건들로 이해될 수 있다.

이 지점에서 바디우의 니체 해석은 어느 정도 하이데거에 수렴한다. 즉 니체에게서 드러나는 결단주의적 요소들에 대한 하이데거의 해석과, 니체의 철학적 실천이 그 자체로 선언적이며, 따라서 일종의 사건의 수행이라고 밝히는 바디우의 해석은 어느 정도 통하는 면이 있다. 바디우가 보기에, 이 선언은 이미 일어난 것이며 따라서 그것은 일어난 일들이 이루는 기존의 체제 속에 편입되어버린다. 그러나 이 선언의 내용, 곧 도래할 사건은 일종의 힘으로, 잠재력으로 존재하며, 그렇기 때문에 니체의 철학은 하나의 철학적 교설이 아니라 사건으로 읽혀야 한다. 니체가 자신을 인격화하여 자신의 행동을 묘사할 때, 이 행동은 언제나 정치적 행동이라고 바디우는 말한다. 그것은 철학적 행동이자 정치적 행동이다. 그런데 이 행동이 어째서 '정치적'인가? 그것은 그러한 언명과 선언이 역사를 둘로 쪼개기 때문이다.

여기서 니체 철학의 고유한 지점이 바디우에게서 인식되고 있다. 철학적 행동은 혁명적이면서 동시에 정치적인 것이고, 또 급진적이면서 동시에 근거짓는(정초적인) 힘이다. 니체는 이러한 방식으로 철학을 혁명적 사유와 행동이라는 새로운 경지로 이끌고 간 근본적으로 새로운 철학자였다고 바디우는 말한다. 그런데 이것이 어떻게 가능한가? 니체가 새로운 철학 유형을 만들어냈기 때문이다. 이제 철학 텍스트를 쓴다는 것은 교설적인 텍스트의 권위적 저자가 된다는 의미가 아니다. 오히려 그것은 그의 글쓰기가 그 자체로 텍스트가 되고 그것이 곧 삶의 일부가 되는 것을 뜻한다.

바디우가 보기에, 이러한 방식으로 니체는 혁명적 시대에 필요한 혁명적 요소로서 철학을 제시한 철학자의 범례를 제공한다. 물론 그것은 기존의 혁명 전통과는 다른 길임이 분명하다. 니체는 프랑스 혁명을 맹비난했고 파리 코뮌도 격렬하게 비판했다. 그러나 프랑스의 혁명적 전통에 대한 니체의 비판에서의 핵심은, 프랑스의 이 혁명 세력이 충분히 기존 사유 체계와 단절하지 못했다는 것에 있다. 그러니까 니체는 보수적인 이유에서 사회 질서를 이유로 혁명의 파괴적인 힘을 비판한 것이 아니라, 혁명이 너무나 쉽게 기존 사회의 가치관, 특히 기독교와 타협해버린다는 것을 비판한 것이다. 말하자면, 혁명이 충분히 혁명적이지 않았다는 것이며, 따라서 니체는 기존 혁명 전통과의 경쟁 관계에 있는 또 다른 혁명적 사상가라고 바디우는 주장한다. 니체에게서 철학함이란 역사를 둘로 쪼개는 것이며, 따라서 그것은 그 자체로 혁명적이다. 니체에게서 관건이 되는 것은 텍스트 자체가 혁명적 실천이 되는 것, 철학적 행동이 갖는 급진성을 표현하는 것이었다.

또한 니체에게서 발견되는 것은 철학의 원-정치적(archi-politique) 구상이라고 바디우는 말한다. 니체는 '긍정적으로 선언하는' 철학적 행위를 시도한 철학자였다. 이때 그는 '대립'이라는, 'anti'라는 변증법적 형식을 취하지 않는다. 니체의 철학적 행동은 어떤 법칙 수립도 하지 않으며, 마찬가지 이유에서 변증법적 대립명제(antithese)를 만들어내는 것도 아니고, 오히려 어떤 균열 지점을 만들어내는 일을 수행한다. 그것이 일종의 주사위 던지기로 표현되고 있다.

그렇다면 니체의 사상은 왜 반철학인가? 철학은 명증성, 선험성 등 학문성에 힘입어 스스로를 위장하는 새로운 형태의 종교이기 때문이다. 차라리 니체는 철학의 혁명가라고 부를 수 있는데, 니체가 반대하는 변증법에서는 새로운 종합을 기다리는 반명제(안티테제) 속에서 철학은 구원을 기다리는 종교가 되어버릴 뿐이다. 바디우는 니체 철학을 철저한 반변증법의 맥락에서 이해하는 들뢰즈의 생각을 여기서 계승하고 있는 것으로 보인다.

바디우가 보기에, 하이데거가 말하듯 니체는 자신의 형이상학 전복이 형이상학의 완성이 될 것임을 이해하고 있었다. 또 허무주의 전복이 새로운 허무주의에 머무를 것이며, 오히려 고삐 풀린 광적인 허무주의가 될 것임을 알고 있었다. 바디우가 보기에, 니체에게서 중요한 것은 그의 사유 자체가 이러한 허무주의와 형이상학을 넘어섰는가 하는 철학 텍스트 내적인 질문이 아닌 것이다. 여기서 우리는 하이데거를 넘어서는 바디우의 하이데거적 독해법을 확인하게 된다. 그것은 니체 텍스트 자체가 그러한 이항대립을 넘어서기 위한 철학적, 정치적 행동이었다는 바디우의 주장에서 드러난다.

철학적 행동은 사유에서의 사건이며, 그것은 일종의 내재적 초월이다. 그것은 철학 내부에서 철학을 초과하여 도약하는 행위이며, 따라서 헤겔 변증법이 말하는 부정성이나 지양이 결코 아니다. 그것은 오히려 자기 스스로 도약하여 뛰어오르는 것으로서, 긍정이라는 환원 불가능한 심급을 구성한다.

또 반국가주의 정치철학자로서 바디우는 지금 우리가 이 책에서 다루고 있는 니체의 『차라투스투라는 이렇게 말했다』에서 국가를 비판하는 '새로운 우상'이라는 글에 주목하면서, 자신의 정치철학과 니체 사이의 접목을 시도하고 있다. 국가는 니체에게 새로운 우상이다. 바디우가 보기에 이는 니체의 무정부주의라고 할 수 있을 정도로 강한 반국가주의의 표출이었다. 니체에 따르면 국가는 인민에 준거할 수 없다. 바디우의 관점에서 이는 모든 대의제적, 재현 이론적인 국가 개념에 대한 발본적 비판을 뜻하는 것이었다.

니체에게서 국가는 하나의 사태가 아니라 창조물이며, 국가의 성립은 인민이라는 존재를 창조하지만, 그것은 인위적인 고안물로 남아 있을 뿐 실질적으로 국가는 인민의 존재를 망각하고, 인민을 상실된 존재로 만들어버린다. 따라서 국가는 군중을 향해 설치된 덫에 불과하다. 표면적으로는 인민이 국가 성립의 근거이지만, 실제로는 국가는 폭력에 의해 인민을 포획하는 덫일 뿐이다. 반면 인민은 믿음과 사랑의 형태를 창조하는 힘이며, 자기 자신에 대한 긍정이다.

이제 던져야 할 질문은 '그런데 왜 사람들은 국가라는 우상을 숭배하는가?' 하는 것이다. 정확하게 이 질문에 답하지 않은 채로 니체는 우리가 나아가야 할 길을 제시한다. '신은 죽었다'라는 선언적인 투쟁은 오늘날 국가를 겨냥해서 수행되어야 한다. 즉 '신은 죽었다'는 언명은 '국가는 죽었다'는 언명으로 이어질 수 있을 때 그 가능성을 획득한다. 국가가 새로운 우상으로 기능하고 새로운 종교가 되는 한, 신은 죽지 않을 것이므로, 국가를 넘어서야 인간성도 새로운 심급으로 도약한다는 것이 바디우가 바라보는 니체의 시각인 것이다.

바디우는 이러한 니체의 반국가주의를, 정치를 진리의 과정이자, 집단적 상황들이 처해 있는 본질적 무한성에 대한 사유로 바라보는 관점으로 이해한다. 여기서 이 무한성이란 무엇인가? 정치는 계속해서 집단적 상황들에 관한 진리들을 생산해내고 그것으로 충만해 있는 사건적 절차를 말한다. 그렇다면 주권적 형상으로서의 국가가 아니라, 국가에 대해 거리를 둘 수 있는 역량과 가능성을 공동체에 기입하려는 사건적 충실성이 바로 정치의 핵심이 될 것이다. 그리고 그러한 국가에 대한 거리두기는 정치가 갖는 본질적 무한성과 충만함에 대한 사유로 이어질 것이다.

바디우가 보기에 주권은 언제나 반동적이다. 주권은 국가의 형태에서 삶의 긍정성을 왜곡할 뿐이다. 그러나 기존의 주권 국가를 새로운 국가로 대체하는 것이 중요한 것은 아니라고 바디우는 말한다. 이는 기존의 기독교 신을 새로운 신으로 대체하는 것이 니체의 의도가 아닌 것과 마찬가지다. 오히려 니체가 말하듯, 세계를 긍정하는 역량이 필요한 것이다. 기존 세계의 권력 지형을 이해하고 그에 대항하는 정치적 사건들의 긍정성을 사유하는 것이 오늘날 전복적 철학적 수행의 관건이다.

이렇게 니체를 강한 정치적 사건의 철학자로 이해하려는 바디우의 니체 독해는 하이데거 비판으로 나아간다. 바디우에 따르면, 하이데거가 니체의 본질적 형이상학적 요소들로 간주하는 영원회귀나 힘에의 의지는 1888년이 되면 사라지는 용어들일 뿐이다. 이러한 언급을 통해 바디우는 니체를 형이상학에 가두려는 하이데거의 시도를 비판한다. 바디우는 하이데거에 비해서는 들뢰즈의 해석을 지지하면서, 니체 철학이 갖는 '긍정'의 전복적 요소들을 강조한다. 그러나 이러한 새로운 가치의 창조라는 들뢰즈의 해석 역시 니체 철학의 수행적 성격을 간과하고 있다고 그는 보고 있다. 니체가 새로운 가치를 창조했기 때문에 전복적이라는 것은 반만 맞는 말이며, 여기에는 더 중요한 사실이 간과되어 있다. 즉 니체에게서 철학의 전복이란, 삶의 가치들을 평가하는 가능성 자체를 폭발시키는 일, 곧 삶을 평가 불가능한 것으로 만드는 일을 뜻한다.

물론 여기서 폭발이라는 말은 변증법적인 분열과 다르다. 여기서는 다시 한번 들뢰즈의 반변증법적 니체 해석에 대한 바디우의 차용이 나타난다. 폭발이란 어느 인격적 주체의 의지에 의한 계획적인 것이 아니라, 세계를 둘로 나누는 사건의 출현을 말하는 것이다. 이런 맥락에서 바디우는 니체에게서 초인(위버멘쉬)의 범주 역시 사라진다고 말한다. 이처럼 바디우는 우리가 다루고 있는 『차라투스트라는 이렇게 말했다』의 개념들 —힘에의 의지, 영원회귀, 위버멘쉬 등—이 니체에게서 본질적인 것이 아니라고 주장한다.

아마도 바디우는 이 개념들을 위험한 것으로, 매우 쉽게 파시즘을 정당화해줄 개념들로 여긴 것 같다. 바디우가 보기에 니체에게 더 중요한 것은 바로 이러한 사건을 포착하는 철학적이며 동시에 정치적인 행동이다. 바디우의 관점에서 니체는 행동의 군주다. 이 말은 지배자로서의 군주가 아니라, 고독 속에 고뇌하면서 과감하게 결단하는 의미에서 군주를 뜻한다. 반철학의 군주로서 니체는 세계를 둘로 쪼개는 자, 사건을 일으키는 전복적인 철학적, 정치적 수행을 해나간 철학자였다.

이처럼 바디우의 니체 해석은 니체의 철학함이 지니는 정치적 의미가 무엇인지를 매우 폭넓은 관점에서 설명한다는 장점이 있지만, 니체 자신이 그의 철학적 저작으로 내세우는『차라투스트라는 이렇게 말했다』의 개념들을 니체에게서 부차적인 것으로 만들어버림에 따라(이는 니체를 '탈형이상학화'하려는 바디우의 의도에서인 것 같다), 이 개념들이 니체 철학에서 차지하는 본질적인 위치와 그 의미, 맥락이 모두 니체에 관한 설명에서 사라져버린다는 한계 역시 보여주고 있다.

다섯 번째 이정표

작곡가로서 니체와
『차라투스트라는 이렇게 말했다』의 음악화

잘 알려지지 않았지만, 니체는 철학자이면서 동시에 음악가였고, 본인 스스로 작곡 활동을 해서 여러 곡들을 남긴 바 있다. 그는 낭만주의의 영향을 받은 곡들을 작곡했으며, 그의 곡들에는 자신에게 영감을 준 바그너의 영향도 나타난다. 1864년 작곡한 피아노와 바이올린 이중주 '섣달그믐 밤의 메아리(Nachklang einer Sylversternacht)'와 1872년 작곡한 피아노 이중주 '만프레트 명상(Manfred-Meditation)'이 유명하며, 1874년 작곡한 피아노곡 '우정찬가(Freundschaftshymnus)'는 이후 1882년 루 살로메의 시에 곡을 붙인 '삶에 대한 기도(Gebet an das Leben)'로 이어지고, 이어 1887년 오케스트라 합창곡 '삶의 찬가(Hymnus an das Leben)'로 확대되었다.

또 니체는 이후의 음악가들에게도 지대한 영향을 미쳤다.

158

니체로부터 영감을 받아 작곡된 곡은 매우 많은데, 그중에서도 그의 책 『차라투스트라는 이렇게 말했다』는 음악가들에게도 많은 영향을 미쳤고, 수많은 음악의 거장들이 이 저명한 책에 영감을 받은 곡을 직접 작곡했다. 『차라투스트라는 이렇게 말했다』를 직접 인용한 곡들은 아래와 같다.

1. 리하르트 슈트라우스, 작품 번호 30번 '차라투스트라는 이렇게 말했다'

1896년 11월 27일 리하르트 슈트라우스(Richard Strauss)는 프랑크푸르트 시립 오케스트라를 지휘하며 그가 직접 작곡한 동명의 곡을 초연했다. 니체의 『차라투스트라는 이렇게 말했다』와 마찬가지로 이 곡 역시 음악적인 시를 표현해냈으며, 이후 영화 〈2001: 스페이스 오디세이〉에 삽입되어 세계적으로 유명세를 얻었다. 이 곡은 총 9개의 부분으로 구성되어 있는데, 각 부분들은 니체의 『차라투스트라는 이렇게 말했다』에서 인용된 소제목을 달고 있다. 각각의 소제목들은 아래와 같다.

Einleitung, oder Sonnenaufgang(서문 또는 일출)

Von den Hinterweltlern(내세를 살아가는 사람들에 관하여)

Von der großen Sehnsucht(위대한 열망에 관하여)

Von den Freuden und Leidenschaften(기쁨과 열정에 관하여)

Das Grablied(무덤의 노래)

Von der Wissenschaft(학문에 관하여)

Der Genesende(창조하는 자)

Das Tanzlied(춤의 노래)

Nachtwandlerlied(밤 나그네의 노래)

2. 구스타프 말러, 3번 교향곡

1902년 초연된 말러의 3번 교향곡의 4악장에는 『차라투스트라는 이렇게 말했다』 4부에 등장하는 '밤 나그네의 노래'로 알려진 차라투스트라의 돌림노래, '오 인간이여! 주의하라!(O Mensch! Gib acht!)'가 실려 있다. 4악장이 시작되면 알토 솔리스트가 이 시의 구절을 노래한다(이 시의 전문은 앞서 책 4부를 설명하는 부분에서 번역하여 인용한 바 있다). 그 외에 말러는 1901~1902년 작곡하고 1904년 초연한 교향곡 5번 3악장의 스케르초 부분의 제목을 '중력 없는 세계'로 정하려 했었다. 이 역시 니체의 『차라투스트라는 이렇게 말했다』에서 차라투스트라가 중력이라는 악령을 우리를 짓누르는 억압적인 힘으로 묘사하고 이를 물리치고 나아가는 날갯짓이 필요하다고 그의 가르침을 전달한 것과 깊이 관련 있는 구절이다. 이 시기 말러는 니체로부터 받은 깊은 감명에 사로잡혀 있었다.

3. 프레데릭 델리우스, '생명의 미사'

영국 작곡가 프레데릭 델리우스(Frederick Delius)는 니체의 『차라투스트라는 이렇게 말했다』를 대본으로 삼아, 1904년부터 1905년까지 '생명의 미사(Mass of Life)'라는 곡을 작곡했다. 이 작품은 대규모 오케스트라가 동원되는 교향악적인 합창 칸타타로, 압도적인 스케일로 초인과 생명의 역동성을 노래한다.

4. 하인츠 슈베르트, '찬가'

독일 작곡가 하인츠 슈베르트(Heinz Schubert)는 1932년 소프라노, 혼성 합창, 오르간 그리고 오케스트라의 협연을 통해 연주되는 곡 '찬가(Hymnus)'를 작곡했다. 이 곡 역시 니체의 『차라투스트라는 이렇게 말했다』를 대본으로 하고 있다. 참고로 하인츠 슈베르트는 2차 세계대전 말인 1945년 당시 징집되어 포병으로 참전하다가 전투 중 사망했다.

5. 라이바흐, '차라투스트라는 이렇게 말했다'

슬로베니아의 인더스트리얼 록밴드 라이바흐(Laibach)는 2017년 니체의 『차라투스트라는 이렇게 말했다』의 연극 공연을 목적으로 녹음된 사운드트랙 앨범을 남겼다. 참고로 라이바흐는 슬로베니아 수도 류블랴나(Ljubljana)의 독일식 지명이기도 하다. 이 앨범에는 총 13개의 곡이 있고 이 곡들은 모두 니체의 『차라투스트라는 이렇게 말했다』에서 차용된 제목을 사용했으며, 책에 나오는 대사들이 가사를 이루고 있다. 곡 리스트는 아래와 같다.

Vor Sonnen-Untergang(일몰 전에)

Ein Untergang(하강)

Die Unschuld I(순수함 I)

Ein Verkündiger(예언가)

Von Gipfel Zu Gipfel(정상에서 정상으로)

Das Glück(행복)

Das Nachtlied I(밤의 노래 I)

Das Nachtlied II(밤의 노래 II)

Die Unschuld II(순수함 II)

Als Geist(악령이)

Vor Sonnen-Aufgang(일출 전에)

Von Den Drei Verwandlungen(세 가지 변화에 관하여)

생애 연보

1844년 10월 15일 독일 뢰켄에서 목사의 첫 아들로 태어나다.

1849년 아버지의 사망.

1850년 동생 루트비히 요제프의 사망. 이후 가족은 나움베르크 (Naumberg)로 이주한다.

1851년 사설 교육기관에 입학하여 종교, 라틴어, 그리스어를 배우다.

1858년 포르타 공립학교(Landesschule Pforta)에 장학생으로 입학하다. 수준 높은 인문계 중등교육을 받으면서 고전어, 문학, 음악에 대한 탁월한 재능을 입증하기 시작한다.

1864년 본 대학에서 신학과 고전문헌학, 예술사 공부를 시작하다. 그러나 '청년 헤겔학파'의 종교 비판으로부터 영향을 받아 신학 연구에 대한 회의를 경험하고 한 학기 후에는 신학 공부를 포기하게 된다.

1865년 겨울학기에 니체는 문헌학 공부를 하기 위해 자신에게 큰 영향을 준 스승 프리드리히 리츨 교수를 따라 라이프치히 대학으로 학적을 옮긴다. 리츨 교수의 지도하에 문헌학을 공부하면서 동시에 쇼펜하우어의 『의지와 표상으로서의 세계』를 읽고 난 뒤 철학에 입문한다.

1867년 『문헌학을 위한 라인 박물관』이라는 잡지에 디오게네스에 관한 논문을 게재한다. 이는 니체의 명성이 널리 알려지는 계기가 된다.

1868년 11월 8일 동양학자 브로크하우스의 집에서 음악가 바그너를 직접 만나다.

1869년 4월 바젤 대학의 고전어와 고전문헌학 비전임 교수로 임명되다. 이후 라이프치히 대학은 니체가 기존에 발표한 논문과 연구들을 인정하여 별도의 학위논문 제출 없이 그에게 박사학위를 수여한다.

1870년 4월 바젤 대학 정교수가 되다. 7월 보불전쟁(독일-프랑스 전쟁)에 의무병으로 참전하지만 전염병에 걸려 9월 제대한다.

1872년 『비극의 탄생』이 출판된다. 이 책은 니체의 첫 철학적 저술이다. 바그너의 음악과 쇼펜하우어의 철학으로부터 받은 영감을 고전기 그리스 비극에 대한 문헌적 연구성과로 계승하고 있는 저작이다. 따라서 이 책은 문헌학을 넘어 예술과 철학의 영역에 대한 그의 관심을 표출하였다.

1873년 『반시대적 고찰』의 1권인 『다비드 슈트라우스, 고백자와 저술가』가 발간된다.

1874년 『반시대적 고찰』의 2권 『삶에 대한 역사의 공과』, 3권 『교육자로서의 쇼펜하우어』이 출간된다. 같은 해 출간된 『바이로이트의 리하르트 바그너』에서는 바그너와의 결별이 암시되고 있다.

1878년 『인간적인 너무나 인간적인』를 출간하기 시작하면서 니체와 바그너의 결별이 공식화된다. 니체는 커다란 신체적 병을 앓게 되고 정신적으로도 우울을 겪기 시작한다.

1879년 3월 휴가를 내고 제네바 요양 생활을 시작하다. 5월에는 대학 교수직에서 물러난다.

1881년 7월 『아침놀』이 발간되다. 그는 여름에는 실스 마리아(Sils-Maria)에서 지내고, 겨울에는 따뜻한 이탈리아에서 지내며 요양을 했는데, 실스 마리아에서의 소풍길에 영원회귀 개념을 떠올린다.

1882년 4월 루 살로메를 소개받다. 5월에 그는 루 살로메와 누이동생 엘리사베트와 함께 생활하기 시작했는데, 이는 긴장감이 감도는 생활이었다. 루 살로메에게 사랑을 고백한 뒤 거절당하고, 여동생과 모친의 관계가 악화하면서 니체의 정신적 건강도 급속도로 나빠지게 된다. 그러나 그러한 개인사적 비극의 와중에도 그해 8월에 명랑하고 쾌활한 정신적 삶을 예찬하는 『즐거운 학문』을 출판한다.

1883년 신체와 정신의 질환 속에서도 초인적인 힘으로 여름 『차라투스트라는 이렇게 말했다』의 1, 2, 3부를 집필하다.

1884년 1월에는 마지막 4부를 완성하다. 니체는 그의 철학적 과제가 완수되었다고 생각해 기뻐한다.

1885년 자신의 또 다른 주저가 될 책으로 『힘에의 의지』를 구상하기 시작하다.

1886년 『선악의 저편』이 출판되다. 도덕 비판에 대한 관심이 니체를 지배한다.

1887년 『도덕의 계보』가 출판되다. 서구 정신의 도덕 전통과 기
독교 전통을 그 근원에서부터 추적하는 이 저작을 통해
그의 도덕 비판 사유가 정점에 달하게 된다. 그해 6월 결
혼한 루 살로메의 소식으로 인해 우울증의 악화를 겪는
다. 그러나 집필 활동을 이어나가며 『우상의 황혼』과 『안
티크리스트』를 집필한다.

1888년 7월 『바그너의 경우』를 완성하다. 바그너의 예술뿐만 아
니라 바그너로 상징되는 근대 정신 전반에 대한 가차없
는 비판이 수행된다. 이에 대한 반론에 직면하자 니체는
『니체 대 바그너』를 저술해 비판에 답한다. 그의 명성이
확산되자 그는 철학적 자서전인 『이 사람을 보라』를 집
필한다.

1889년 1월 이탈리아 토리노의 카를로 알베르토 광장에서 채찍
을 맞는 말을 감싸 안다가 발작을 일으키고 쓰러지다. 그
후 니체는 정신이상 증상을 보여 바젤 정신병원에 입원
한다. 그가 병원에 입원해 있는 사이에, 그가 직전에 집
필한 『우상의 황혼』, 『니체 대 바그너』, 『이 사람을 보라』,
『디오니소스 송가』가 출판된다. 그 후 그의 건강은 계속
악화된다.

1900년 8월 25일 정오에 자신의 '위대한 정오'를 맞이하고 숨을
멈추다.

참고 문헌

Friedrich Nietzsche, *Die fröhliche Wissenschaft*, Kritische Studienausgabe Bd.3, De Gruyter: Berlin/New York, 1999.

Friedrich Nietzsche, *Also sprach Zarathustra*, Kritische Studienausgabe Bd.4, De Gruyter: Berlin/New York, 1999.

프리드리히 니체, 『즐거운 학문, 메시나에서의 전원시, 유고(1881년 봄~1882년 여름)』, 안성찬·홍사현 옮김, 책세상, 2005.

프리드리히 니체, 『차라투스트라는 이렇게 말했다』, 정동호 옮김, 책세상, 2015.

프리드리히 니체, 『차라투스트라는 이렇게 말했다』, 홍성광 옮김, 펭귄클래식코리아, 2009.

고명섭, 『니체 극장』, 김영사, 2012.

고병권, 『니체의 위험한 책, 차라투스트라는 이렇게 말했다』, 그린비, 2003.

뤼디거 자프란스키, 『니체: 그의 사상의 전기』, 오윤희·육혜원 옮김, 이화북스, 2021.

마르틴 하이데거, 『니체 1』, 박찬국 옮김, 길, 2010.

알랭 바디우, 『알랭 바디우 세미나: 프리드리히 니체』, 박성훈 옮김, 문예출판사, 2023.

질 들뢰즈, 『니체와 철학』, 이경신 옮김, 민음사, 2001.

키스 안셀 피어슨, 『HOW TO READ 니체』, 서정은 옮김, 웅진지식하
우스, 2007.

EBS [오늘 읽는 클래식]

니체의 차라투스트라는 이렇게 말했다

1판 1쇄 발행 2023년 11월 30일
1판 2쇄 발행 2024년 8월 9일

지은이 한상원

펴낸이 김유열
디지털학교교육본부장 유규오 | 출판국장 이상호 | 교재기획부장 박혜숙
교재기획부 장효순 | 북매니저 윤정아, 이민애, 정지현, 경영선

책임편집 장윤호 | 디자인 정계수 | 일러스트 최광렬 | 인쇄 애드그린인쇄

펴낸곳 한국교육방송공사(EBS)
출판신고 2001년 1월 8일 제2017-000193호
주소 경기도 고양시 일산동구 한류월드로 281
대표전화 1588-1580 | 홈페이지 www.ebs.co.kr
이메일 ebsbooks@ebs.co.kr

ISBN 978-89-547-9948-5 04100
     978-89-547-6188-8 (세트)

ⓒ 2023, 한상원